Carl Baltzer

Zur Kenntniss der Echinorhynchen

Carl Baltzer

Zur Kenntniss der Echinorhynchen

ISBN/EAN: 9783743337275

Hergestellt in Europa, USA, Kanada, Australien, Japan

Cover: Foto ©berggeist007 / pixelio.de

Manufactured and distributed by brebook publishing software (www.brebook.com)

Carl Baltzer

Zur Kenntniss der Echinorhynchen

ZUR KENNTNISS

DER

ECHINORHYNCHEN.

Inaugural-Dissertation

zur Erlangung

der philosophischen Doctorwürde

vorgelegt

der hohen philosophischen Fakultät der
Universität Marburg

von

Carl Baltzer
aus Diez.

Mit 2 Tafeln.

Marburg 1879.

Vorliegende Arbeit wurde im Lauf des verflossenen Herbstes und Winters auf hiesigem zoologischen Institute angefertigt, und statte ich hiermit Herrn Professor Dr. Greeff für die gütigst gewährte Erlaubniss zur Mitbenutzung des dortigen Arbeitsraumes und seine freundliche Unterstützung meinen besten Dank ab.

Hat auch in den letzten Jahrzehnten die Anatomie der *Echinorhynchen* durch eine Reihe hervorragender Forscher eine eingehende Bearbeitung erfahren, so ist trotzdem in einigen Punkten die Kenntniss des feineren Baues dieser so merkwürdigen Würmer lückenhaft geblieben. Besonders sind in dieser Hinsicht das äussere Hautgewebe, der Hals und Rüssel zu nennen, welche, wie auch (wenigstens bei den kleineren Arten) die Rüsselscheide, nebst ihr eingelagerten Gebilden und die Geschlechtsorgane auf Schnitten bis jetzt nur wenig, oder noch gar nicht untersucht worden sind.

Einen kleinen Beitrag zur Kenntniss genannter Theile versucht vorliegende Arbeit zu geben, welche sich im Allgemeinen auf *E. proteus* Westrumb und *E. angustatus* Rud. beschränkt; zur Untersuchung des Hautgewebes standen mir aber auch *E. gigas* Göze und ausgebildete Larven des *E. polymorphus* Brems. zur Verfügung.

Bevor ich indessen mit meiner eigentlichen Aufgabe beginne, will ich einige geschichtliche Bemerkungen vorausschicken und das Wichtigste aus der auf die *Echinorhynchen* bezüglichen Literatur hervorheben.

Als Entdecker unserer Würmer kann wohl der berühmte Holländer Anton von Leeuwenhoek[1]) angesehen werden, welcher die einem Aale entnommenen Parasiten beschrieb und abbildete, sie aber noch zu den Bandwürmern stellte; doch erkannte schon Göze[2]), dass Leuwenhoek, wie seine Abbildungen zeigten, nicht Bandwürmer, sondern Echinorhynchen vor Augen gehabt haben müsse.

Zoega nannte sie *Echinorhynchen*, von Koelreuter[3]) stammt die Bezeichnung *Acanthocephalus*, den Namen *Kratzer* gab ihnen O. F. Müller[4]).

Eine anatomische Beschreibung finden wir zuerst bei Göze[5]), welcher, soweit es die höchst unvollkommenen Hilfsmittel der damaligen Zeit erlaubten, den *E. gigas* untersuchte und sich eine ziemlich klare Vorstellung von dem anatomischen Bau der Kratzer verschaffte.

Die Reihe der speciell auf Systematik und Anatomie der Echinorhynchen sich beziehenden Schriften eröffnet die höchst wichtige Arbeit von Westrumb[6]), welche eine Zusammenstellung aller bis dahin bekannten Arten und zugleich eine anatomische und physiologische Beschreibung der Acanthocephalen gibt. C. H. A. Burow[7]) veröffentlichte 1836 seine Untersuchungen über den *Ech. strumosus* aus dem Darm des Seehundes, eine Schrift, insofern von besonderem Interesse, als sie zuerst der später noch so häufig untersuchten Uterusglocke Erwähnung thut, und den, auch schon von Westrumb[8]) bekämpften Irrthum, es würden die Eier durch den Rüssel nach Aussen geschafft, beseitigte. Genauere auf die Anatomie bezügliche Mittheilungen machte von Siebold[9]), ihnen schlossen sich

---

1) Arcana natur. detect. Epist. 75. pag. 314.
2) Versuch einer Naturgeschichte der Eingeweidewürmer. Quedlinburg 1782. pag. 145.
3) Nova Commentar. Ac. Petropol. Vol. XV. pag. 499.
4) Naturforscher XII. St. pag. 178.
5) A. a. O. pag. 147.
6) De helminthibus acanthocephalis commentatio Hannoverae 1821.
7) Echinorhynchi strumosi anatome. Dissert. Regiomont. 1836.
8) A. a. O. pag. 64.
9) Burdach's Physiologie II. Bd. 2. Aufl. 1837 u. Lehrbuch d. vergl. Anatomie 1848.

die Arbeiten von Dujardin und Diesing an. Stein lieferte in den zootomischen Atlas von V. Carus einige Abbildungen, die indessen wenig Neues boten. Wichtiger sind die Untersuchungen von Wagener[1]) und Pagenstecher[2]). Interessante Mittheilungen machte Greeff[3]) 1864 über den *E. miliarius*, welchen er mit *Ech. polymorphus* identisch nachwies und liess auch in demselben Jahre eine genauere Beschreibung der Uterusglocke des *E. proteus* folgen. Schneider[4]) verdanken wir wichtige Aufschlüsse in Bezug auf die Muskulatur und das Nervensystem. Beiträge zur Kenntniss des *Ech. angustatus* veröffentlichte 1872 v. Linstow[5]) und R. Leuckart[6]) gibt in seinem die menschlichen Parasiten behandelnden Werke eine eingehende Schilderung aller Organe.

Entwicklungsgeschichtliche Untersuchungen stellte zuerst Leuckart[7]) an, ihm folgte Greeff[8]) mit *E. miliarius*, Schneider[9]) untersuchte die Entwicklung des *E. gigas* und Leuckart[10]) gab 1873 eine ausführliche Be-

---

1) Helminthologische Bemerkungen etc., Zeitschrift für wissensch. Zoologie IX. Bd. 1858.

2) Zur Anatomie von *Ech. proteus*, Zeitsch. für wissensch. Zoologie XIII. Bd. 1863. pag. 413 ff.

3) Untersuchungen über die Naturgeschichte von *Echin. miliarius* u. Ueber den Bau d. Uterusglocke und d. Ovarium d. Echin. Archiv für Naturgesch. 1864.

4) Ueber den Bau d. Acanthocephalen Archiv für Anatomie u. Physiologie 1868. u. Sitzungsber. d. Oberhess. Gesellsch. f. Naturk. 1871.

5) Zur Anatomie u. Entwicklungsgeschichte d. *E. angustatus*. Archiv für Naturgesch. 1872.

6) Die menschl. Parasiten, Heidelb. 1876.

7) Leuckart, helminthologische Experimentaluntersuch. Nachrichten von d. Georg-August-Univers. u. d. K. Gesellsch. d. Wissensch. zu Göttingen. 1862.

8) Untersuchungen über d. Bau u. die Naturgeschichte d. *E. miliarius*. Arch. für Naturg. 1864.

9) Ueber die Entwickl. von *E. gigas*. Sitzungsberichte d. Oberhess. Gesellsch. für Natur- u. Heilkunde 1871.

10) De statu et embryonali et larvali Echinorhynchorum eorumque metamorphosi. Akadem. Programm. Leipz. 1873.

schreibung der Entwicklungsgeschichte des *E. proteus* und *angustatus*.

1. Das Hautgewebe des Hinterleibes.

Schon Göze[1]) war bekannt, dass die Haut der Kratzer nicht aus einem homogenen Gewebe bestehe, sondern aus mindestens zwei übereinandergelegenen Schichten gebildet sein müsse, da man, nachdem ein solcher Wurm eine Zeit lang in lauem Wasser gelegen, die äussere Lage von einer unter ihr befindlichen leicht abtrennen könnte. Aber auch diese ablösbare äussere Membran ist wieder, wie schon länger bekannt, aus drei differenten Schichten gebildet. Die von diesen am weitesten nach Aussen gelagerte Cuticula ist homogen, stark lichtbrechend und chitinartig, ihre meist sehr geringe Stärke beträgt bei *Ech. gigas* ungefähr 0,0012 mm, bei *proteus* und *angustatus* 0,0007 mm Fig 1 a. Diesem dünnen Häutchen lagert sich Innen eine zweite, ebenfalls cuticulaähnliche Schicht auf, welche an dünnen Schnitten eine feine, radiäre Streifung erkennen lässt, die auf der Flächenansicht als helle Pünktchen erscheint. Ob es diese Pünktchen waren, welche die älteren Forscher Göze[2]), Treutler[3]), Zeder[4]) und Rudolphi[5]) veranlasste den Kratzern Porenkanäle in der Haut zuzuschreiben, lasse ich dahingestellt, will aber bemerken, dass Westrumb[6]) dieselben nicht beobachten konnte, sich aber trotzdem durch die Fähigkeit unserer Würmer, ihren Leib mit Flüssigkeit schnell zu füllen, bewegen liess, die Richtigkeit der älteren Angaben zuzugestehen. Später hat Greeff bei *E. polymorphus* ebenfalls eine feine Punktirung der Haut beobachtet und auch mit der Absorptionsfähigkeit in Verbindung gebracht[7]). Leuckart[8]), welcher die Haut

---

1) a. a. O. pag. 147.
2) a. a. O. pag. 146.
3) Quaedam de Echin. structura pag. X.
4) Naturgesch. pag. 143.
5) Entozool. Vol. I pag. 253.
6) a. a. O. pag. 49.
7) a. a. O. pag. 128.
8) Menschl. Parasiten II. pag. 735.

auf Schnitten untersuchte, bestätigte Greeff's Angaben, nur fügte er hinzu, dass die äussere Cuticularschicht vollkommen homogen, dagegen die tiefer gelegene von feinen Kanälchen durchzogen sei. Auch ich habe hier bei *E. gigas* und *proteus* (schwerer bei *E. angustatus*) eine deutliche Radiärstreifung beobachten können, möchte diese aber lieber für den Ausdruck einer Faserung halten, wie sie auch bei den Nematoden in der entsprechenden Lage öfters gefunden wird. Was ihre sonstige Eigenschaften anlangt, so ist zu bemerken, dass sie mächtiger als die äussere Schicht ist und sich auch in der Substanz von dieser verschieden ergibt. Denn während letztere bei durchfallendem Licht hell, stark lichtbrechend erscheint, besitzt die streifige Cuticula eine trübweissliche Färbung. Der Unterschied tritt beim Färben noch deutlicher hervor, die tiefere Lage färbt sich z. B. mit Pikrocarmin leicht und stark, die äussere nimmt selbst bei längerer Einwirkung des Färbungsmittels wenig oder gar keine Farbe an.

Unter den beiden so beschaffenen Cuticularschichten liegt die Subcuticula, ein eigenthümliches aus Fasern gebildetes Gewebe, welches von zahlreichen labyrinthartigen, vielfach mit einander anastomosirenden Lückenräumen durchbrochen ist (Fig. 1 g). Schon bei oberflächlicher Betrachtung zeigt es sich aus zwei Theilen aufgebaut, einem tieferen, aus Radiärfasern gebildeten (Fig. 1 d) und einem mehr nach oben gelegenen, welcher neben den radiären auch wellige, circulär und longitudinal verlaufende Fasern enthält. Leuckart[1]) hat die erste Schicht als „Faserschicht", von der letzteren, welche er als „Körnerlage" bezeichnet, unterschieden. Eine Bezeichnung, die mir nicht recht passend scheint, da, wie die genaue Beschreibung besagter Theile ergeben wird, die sogen. Körnerlage an Reichthum der Fasern die Faserschicht bei Weitem übertrifft.

Von dem die Subcuticula gegen die Ringmuskulatur abgrenzenden Bindegewebe entspringt, bisweilen (*E. proteus*), aus einer dichteren Grenzzone sich erhebend, das Radiär-

---

1) a. a. O. pag. 736.

faserwerk in grössere und kleinere Gruppen gesammelt. Wo eine solche Gruppe nach Aussen aufsteigt, springt meist das Bindegewebe etwas vor und bildet nicht selten mehrfach gezackte Protuberanzen, welche den Fasern bessere Ansatzstellen darbieten (Fig. 1 f). Die Zahl der in eine Gruppe eintretenden Fasern ist gross bei *E. gigas*, geringer bei *E. angustatus*, und bei *E. proteus* ist es meist nur eine beschränkte Anzahl verhältnissmässig starker, oft auch verklebter Fasern, die eine Gruppe bilden. Die Anordnung dieser Gruppen selbst wird am besten auf dem Tangentialschnitt erkannt, wo sie natürlich als Häufchen kleiner Körnchen erscheinen, welche in unbestimmten Abständen placirt sind. Die zwischen ihnen bleibenden Hohlräume gehören dem Gefässsystem an, dessen labyrinthartiger Bau auf diese Weise am besten zur Anschauung gebracht wird. Die Gefässlücken beschränken sich auf die innere Faserlage und entbehren durchaus eigener Wandungen. Seitlich werden sie von den Radiärfasern begrenzt, die auch nach Aussen überneigend sie gewölbeartig überdecken; doch nimmt auch das äussere Faserwerk hier an der Begrenzung Theil (Fig. 1). Bei *E. proteus* und *angustatus* liegen die Gefässräume stets nebeneinander, bei *E. gigas* auch übereinander.

Die äussere Lage der Subcuticula steht durch die in sie einstrahlenden Radiärfibrillen mit der tieferen in Verbindung. Während aber hier dieselben in Gruppen gesammelt sind, strahlen sie in der Aussenlage derart auseinander, dass das ganze Gewebe von in ziemlich gleicher Entfernung parallel verlaufenden Radiärfasern durchsetzt erscheint (Fig. 1). Die Zahl dieser Fibrillen ist bei *E. proteus* in der äusseren Schicht meist grösser als in der tiefer gelegenen, und man erkennt auch, wie von besonders dicken und kräftigen Radiärfasern der tieferen Lage, da, wo sie sich der äusseren nähern, Seitenzweige abtreten. Ob nun genannte Verästelungen als wirkliche Abspleissungen oder Trennungen vorher verklebter Fasern zu betrachten sind, lässt sich schwer entscheiden, wahrscheinlicher aber scheint mir das letztere.

Zwischen diesem, von Radiärfibrillen gebildeten Stabwerk winden sich, dem Geflechte eines Korbes ähnlich, wie der Querschnitt (Fig. 1) zeigt, die circulär verlaufenden Fasern wellig durch und erscheinen bei *E. proteus* und *angustatus* zu mehreren Zügen gesammelt, welche in einer ihrer doppelten Breite ungefähr gleichen Entfernung verlaufen. Die zwischen den einzelnen Zügen bleibenden Räume (Fig. 1 i) durchsetzen im Bogen von einem circulären Zug zum andern ablenkende Fasern, mischen sich den Fasern des betreffenden Zuges bei und sind im weiteren Verlauf von den dem Zuge eigenen nicht zu unterscheiden. Diese meist auf eine grosse Strecke hin nach derselben Seite gerichteten Ablenkungsbogen liegen stets einzeln, und der zwischen je zwei bleibende Raum ist von einer gewöhnlich nicht geringen Zahl heller Körnchen erfüllt. Wahrscheinlich verdankt diesen Körnchen die ganze äussere Lage die Bezeichnung „Körnerschicht". In ihr unterscheiden wir somit: die Radiärfibrillen, die parallelen Circulärzüge und die ihnen gleichverlaufenden Körnchenstreifen nebst den sie durchsetzenden Faserbogen.

Welche Bedeutung mögen die so regelmässig angeordneten Körnchen haben? Auf diese Frage gibt uns der Längsschnitt sofort Aufschluss. Er zeigt eine dem Querschnitt vollkommen gleiche Bildung, nur treten hier statt der circulären, längs verlaufende Fasern und Körnchenreihen auf; die Radiärfasern sind natürlich dieselben. Nun lassen sich aber leicht die Körnchenzüge als die durchschnittenen Circulärfasern des Querschnittes erkennen, und die längsverlaufenden Faserzüge des Längsschnitts müssen den Körnchen des Querschnittes entsprechen. Nicht überall tritt indessen Längs- und Circulärfaserung in derselben Klarheit auf, denn da, wo sich Cuticula und Subcuticula faltenähnlich einsenkt, wie dies bei *E. proteus* sowohl in der Längsrichtung als auch in die Quere ausserordentlich häufig gefunden wird, verkleben sich die Fasern derart, dass von einer regelmässigen Anordnung kaum mehr die Rede sein kann. Aus der äussersten Circulärschicht strahlen zahlreiche Fasern nach der Cuticula und befestigen sich hier.

So stellt die Subcuticula des *E. angustatus* und *proteus* ein complicirtes Flechtwerk dar, von dem die entsprechende

Lage des *E. gigas* nicht unerheblich verschieden ist. Hier finden sich zwar auch circulär und longitudinal verlaufende Fasern durch die Radiärfibrillen geflochten, eine Vertheilung derselben in verschiedene Züge ist indessen nicht vorhanden, und das Gewebe erscheint als ein regelloses Gewirre von Fasern.

Es fragt sich nun, ob die beiden äusseren Fibrillensysteme als selbständig zu betrachten sind, oder ob ihr Ursprung in den Radiärfasern zu suchen ist. Leuckart[1]) bemerkt in dieser Beziehung: „Die Fibrillen der äusseren Körnerlage bilden dem Anscheine nach eine directe Fortsetzung der tieferen Faserzüge". *E. proteus* ist zur Entscheidung der Frage wohl am besten geeignet, da die hier nicht in so grosser Zahl vorhandenen, starken Radiärfasern leicht verfolgt werden können. Nirgends aber konnte ich hier ein Ablenken derselben in die circulären oder longitudinalen Züge beobachten. Für die Selbständigkeit dieser Fasern spricht auch der Umstand, dass ihre Beschaffenheit bisweilen von der der Radiärfibrillen etwas verschieden ist. So sind bei *E. proteus* letztere ein wenig derber und stärker als die äusseren Fasern, bei *E. gigas* umgekehrt die äusseren wellig verlaufenden Fasern etwas kräftiger als die radiären.

An den tönnchenförmigen Larven des *E. proteus* fand ich das subcuticulare Fasersystem schon vollständig ausgebildet. Die Cuticula verläuft auf demselben stark gewellt und springt von Strecke zu Strecke zackenförmig nach Innen vor[2]).

Eigenthümliche Zellen liegen in der Subcuticula zerstreut. Schon Wagener beobachtete diese Gebilde in der Haut und in den Lemnisken[3]) und hielt sie auch für Zellen;

---

1) a. a. O. pag. 737.
2) Höchst eigenthümlich zeigt sich auf dem Querschnitt die entsprechende Larvenform des *E. polymorphus*; unter einer dünnen Cuticula liegt hier, da wo später die äussere Subcuticularschicht sich findet, eine homogene fast chitinige Masse, in welcher am vorderen und hinteren Pole eine Faserung sich bemerkbar zu machen beginnt.
3) a. a. O. pag. 80.

Schneider bezeichnete sie dagegen als Kerne, und Leuckart[1]) gebraucht neben diesem auch den Ausdruck Blasen. Ihre Zahl ist bei den verschiedenen Arten verschieden, bei *E. gigas* geringer als bei *proteus* und bei diesem kleiner als bei *angustatus*. Sie sind blasenförmig, in der Form ziemlich schwankend, bald mehr rund oder oval, bald mehr in die Länge gezogen. Neben einem mehr oder weniger scharf hervortretenden Kern besitzen sie an Alkoholexemplaren einen meist trüben, körnigen Inhalt, in welchem mehrere dem Kern an Grösse sich nähernde, helle Körperchen gelegen sind. Auch Wagener[2]) bemerkte sie und liess dieselben aus dem Kern durch Theilung entstehen, was ich indessen nicht beobachten konnte. Diese Zellen findet man nur in der unteren Subcuticularschicht, bald, wie der Tangentialschnitt deutlich ergibt, von Fasern ganz umschlossen, bald in die Lückenräume frei hineinragend. Sie stammen von den Zellen, welche bei jungen Larven der den Embryonalkern umgebenden Masse eingelagert sind; diese vermehren sich durch Theilung, welche auch an Exemplaren, deren Fasersystem schon ausgebildet, noch in Thätigkeit gefunden wurde.

Leuckart[3]) und von Linstow[4]) lassen dagegen aus ihnen die späteren Gefässräume entstehen, ich glaube mich dieser Ansicht nicht anschliessen zu können, denn die scheinbare Verschmelzung zweier Zellen, wie sie z. B. v. Linstow abbildet, wird wohl eine Zelltheilung sein. Uebrigens liesse sich nach der anderen Auffassung auch kaum erklären, woher die bei manchen Arten so zahlreichen Zellen[5]) der Subcuticula stammen sollten, wenn schon die geringe Zahl derselben im Embryo zu der Gefässbildung verwendet würde.

Die weiter nach Innen folgenden Theile der Haut, die

---

1) a. a. O. pag. 737 und pag. 841.
2) a. a. O. pag. 80. Tab. VI. Fig. 18 u. 19.
3) a. a. O. pag. 841.
4) a. a. O. pag. 11. Tab. I Fig. 5.
5) Was ihre Natur betrifft, so möchte ich diesen Zellen eine secretorische Function zuschreiben.

Ring- und Längsmuskulatur des Hinterleibes, habe ich nicht in den Kreis meiner Untersuchungen gezogen. —

2. Der Bau des Halses und Rüssels.

Neben Westrumb[1]), welcher bereits eine Beschreibung des Halses und des Rüssels gab, finden sich nur noch wenige Forscher, die sich mit der Untersuchung dieser Theile beschäftigten; unter ihnen sind besonders Leuckart und Schneider zu nennen, deren Mittheilungen sich aber auch nur auf einzelne Punkte beziehen. Ich will in Folgendem eine kurze Beschreibung sämmtlicher in die Bildung der genannten Leibestheile eintretenden Gebilde zu geben versuchen.

a. *Ech. proteus.*

Der Hals dieser Art ist ausserordentlich entwickelt, im Durchschnitt 3,5 mm lang. Drei Abtheilungen lassen sich an demselben unterscheiden: Der verbreiterte, conische Basilartheil, das fadenförmige Mittelstück und das kopfartig angeschwollene obere Ende, dem der Rüssel aufsitzt.

Schon äusserlich setzt sich der Hals vom Hinterleibe durch eine tiefe Einschnürung ab, dünne Längsschnitte ergeben, dass an dieser Stelle durch die bis zum Bindegewebe wellig sich einsenkende Cuticula des Halses, wie auch Schneider angibt, eine vollkommene Scheidung der Subcuticula dieses Abschnittes von der des Hinterleibes bewirkt wird[2]). Die äussere Lage der Subcuticula begibt sich mit der Cuticula nach Innen und berührt ebenfalls das Bindegewebe, ähnlich verhält sich die entsprechende Schicht des Hinterleibes auf der anderen Seite der Falte.

---

1) a. a. O. pag. 46.

2) Für die gänzliche Trennung der Gefässräume des Vorder- und Hinterleibes durch die Cuticularfalte spricht auch noch folgende Erscheinung. Legt man einen Kratzer (z. B. *E. proteus*) in Farblösung, so tingirt sich der Hinterleib verhältnissmässig schnell, der vordere Leibesabschnitt, der ein geringeres Absorptionsvermögen zu besitzen scheint, bleibt dagegen blass. Würde nun eine Verbindung der Gefässräume vorhanden sein, so müsste durch diese vom Hinterleib aus sich der Hals färben; Längsschnitte zeigen aber, dass sich die Färbung nur bis zur Ringfalte, nicht aber über diese hinaus in den Halsabschnitt erstreckt.

Cuticula und unter ihr gelegene Streifen-Cuticula findet sich auch an dem Halse; aber, der geringeren Stärke dieses Abschnittes entsprechend, weniger mächtig entwickelt. Ebenso verhält sich die Subcuticula, welche aus den oben genannten Fasersystemen zusammengesetzt ist. Schneider spricht dem Vorderleib den Besitz von Radiärfasern ab; aber schon Leuckart machte mit Recht darauf aufmerksam, dass die Gefässräume wohl auch hier von Fasern begrenzt sein würden. Die tiefere Lage der Subcuticula enthält das Gefässsystem, welches, wie auch am Hinterleib, wenigstens im unteren und mittleren Abschnitt des Halses, zwei direct nach oben ziehende Stämme enthält. Nur darin gibt sich ein Unterschied dieser Schicht von der entsprechenden des Hinterleibes zu erkennen, dass die Circulär- und Longitudinalfasern, nicht in so scharfgetrennte Züge gesondert, mehr verklebt sind und hierdurch schwerer in ihrem Verhalten erkannt werden.

Im kopfförmig angeschwollenen Halstheil reducirt sich die Subcuticula auf ein Drittel der früheren Stärke und zeigt, wie dieser Abschnitt überhaupt, eine Bildung, die sich der des Rüssels nähert. Die Gefässräume erscheinen wie dort regelmässiger angeordnet und treten auch, da die dünne Subcuticula wenig Raum gewährt, bereits bogenförmig nach Aussen und Innen vor. Nicht minder verschieden zeigt sich hier das unter der Subcuticula gelegene Bindegewebe, das an Stärke dem so sehr entwickelten des Rüssels nahe kommt. Dieser Abschnitt findet sich bei jungen Exemplaren noch nicht kopfförmig angeschwollen. Bei älteren enthält sein Hohlraum eine die Rüsselscheide umgebende, körnige Exsudatmasse, durch welche der Kopf wahrscheinlich in stets prallem Zustand erhalten wird. Zellen, wie wir sie in der Subcuticula des Hinterleibes fanden, sind auch hier, besonders im unteren und mittleren Halsabschnitt, vorhanden; dem obersten scheinen sie zu fehlen.

Die den Hinterleib umgürtende Ringmuskulatur erstreckt sich nur bis zum Anfang des Halses; ein Theil der Längsmuskeln aber tritt in den Hals ein, durchzieht ihn bis zur Basis des Rüssels und setzt sich hier fest.

(Fig. 3 o). In der unteren Partie des Halses liegen sie dicht gedrängt, so dass auf dem Querschnitt (Fig. 18) der zwischen Haut und Rüsselscheide gelegene Raum von Muskeln fast ganz erfüllt ist. Anders in dem aufgetriebenen obersten Abschnitt, wo dieselben, weit auseinandergerückt, einzeln gelagert sind. Ganz scheinen aber auch die Ringmuskeln dem Vorderleibe nicht zu fehlen, denn zwischen Längsmuskeln und dem unter der Subcuticula gelegenen Bindegewebe finden sich Fasern, welche, die geringere Dicke ausgenommen, ganz mit den Ringmuskeln des Hinterleibes übereinstimmen. Sie beginnen über dem Ringgefäss an der Basis des Halses, nehmen nach oben an Stärke ab und werden im obersten Theile vermisst. Leuckart[1]) dagegen bemerkt, dass nur an der Basis ein Ringmuskel zu finden sei, und bloss in seltenen Fällen *(E. gigas)* noch in der unteren Hälfte eine dünne Lage von Längsfasern beobachtet werde. Für die von mir untersuchten Arten geben aber Schnitte auf den ersten Blick das geschilderte Verhalten zu erkennen[2]).

Als Anhänge der Subcuticula des Halses sind die Lemnisken zu betrachten, welche in Form ovaler, lebhaft braungelb pigmentirter Läppchen in die Leibeshöhle hinabhängen. Sie inseriren sich dem Hals an der Stelle, wo die ringförmige Cuticularfalte gelegen ist und stehen mit dem Gefässsystem des Vorderleibes durch das an der Basis desselben befindliche Ringgefäss in innigstem Zusammenhang. Wie die Subcuticula bauen auch sie sich aus drei Fasersystemen auf, die mit dem Fasergewebe des Halses verbunden sind. Die Beziehungen desselben zu den Lemnisken geben am besten dünne Längsschnitte zu erkennen. Das unter der Subcuticula des Vorder- wie auch Hinterleibes gelegene Bindegewebe tritt auf die Lemniske über, sie als ein dünnes Häutchen überziehend. Nie fand ich weder auf

---

1) a. a. O. pag. 752.

2) Da die Echinorhynchen die Fähigkeit haben ausser dem Rüssel auch den Hals einzuziehen, so werden die Ringmuskeln als Zusammenschnürer, die Längsmuskeln in einer dem retractor proboscidis ähnlichen Weise zur Wirkung kommen und so die Leistung der retractores receptaculi unterstützen.

dem Längsschnitt, noch auf dem Querschnitt einen compressor der Aussenseite aufgelagert, was mir um so merkwürdiger scheint, als bei *E. angustatus* und *gigas* sehr deutlich ein solcher erkannt wird. Rechts und links biegen an der Ansatzstelle der Lemnisken die Längsmuskeln ab, für diese eine Durchtrittstelle blosslegend.

Im Querschnitt (Fig. 19) erscheinen die genannten Läppchen ungefähr halbmondförmig mit verdünntem Mittel- und keulenartig angeschwollenen Seitenstücken. Die Dicke beträgt durchschnittlich 0,13 mm. Auf der convexen Seite zeigt die nicht vollkommen glatte Oberfläche im Mitteltheil drei wulstenförmige Erhebungen, auf der gegenüberliegenden concaven Seite eine; es sind die nach Aussen vortretenden Längsgefässstämme dieses Abschnittes (Fig. 19 g. h). Dem dünnen, ungefähr 0,001 mm dicken Bindegewebe lagert sich eine Schicht auf, welche, gegen 0,01 mm stark, von zahlreichen, parallelen, radiär verlaufenden Fasern gebildet wird. Eine helle Membran, zu welcher die Fasern vordringen, scheint diese äussere Lage von dem Innengewebe der Lemnisken zu scheiden. Eine scharfe Trennung ist aber, wie sehr dünne Schnitte lehren, nicht vorhanden, denn die vermeintliche Membran löst sich auf diesen in eine Anzahl cirkulärverlaufender Fasern auf. Zahlreiche diesen angelagerte Körnchen deuten auf gleichfalls in den Zug eingeschlossene Längsfasern hin, deren Existenz auch durch den Längsschnitt bestätigt wird. Diesen höchstwahrscheinlich selbständig verlaufenden circulären und longitudinalen Fasern scheinen sich aber auch der äusseren Lage entstammende beizumischen. Hierfür spricht wenigstens der Umstand, dass manche derselben sich nur bis zu ihnen, nicht aber in das Innere der Lemnisken verfolgen lassen. Letzteres ist mit den schon erwähnten Radiär-, Längs- und Circulärfasern erfüllt. An Zahl walten die Radiärfasern entschieden vor, ihnen sind in der mittleren Zone die Circulär-, an den beiden Aussenseiten die Längsfasern eingeflochten. Die Radiärfibrillen geben sich als die in das Innere vorgedrungenen Fasern der äusseren Lage zu erkennen; doch mischen sich auch aus den die scheinbare Scheidewand bildenden eine Anzahl bei. Dieses Fasergewebe ist nun nirgends so dicht verflochten, dass nicht die in die Lemnisken eintretenden Flüssigkeiten dasselbe nach allen Richtungen durchtränken könnten. Zur besseren Communication sind aber ausserdem Gefässräume vorhanden, wenn auch in beschränkterer Zahl als in der Subcuticula. Neben einer Anzahl kleinerer Räume sind besonders die beiden grossen, am seitlichen Rande gelegenen, im directen Verlauf von Unten nach Oben ziehenden Stämme zu nennen, zu denen dann im mittleren Abschnitt, sowohl auf der convexen wie der concaven Seite, drei mehr oder weniger stark nach Aussen vorspringende Kanäle kommen. Das ganze Flechtwerk der Lemnisken ist von einer körnigen Masse erfüllt, welche in den Gefässräumen in grösserer Menge auftritt. Eigene Wandungen besitzen diese Gefässe ebensowenig wie die der Subcuticula, sie sind aber durch dicht verflochtene Fasern von dem Fibrillensystem geschieden. Zellen der schon mehrerwähnten Art liegen meist in grosser Zahl den Gefässräumen eingestreut; besonders reichlich finden sie sich in den beiden Seitenkanälen, wo selbst auf dünnen Querschnitten oft bis 8 Stück dicht verpackt gefunden werden. Auch sonst bemerkt man sie dem Gewebe eingebettet; aber stets beschränken sie sich hier auf die Randzone. Von einem kapselähnlichen, um sie geflochtenen Faserwerk getragen, ist ihre Anordnung dort so regelmässig, dass man bisweilen auf Längsschnitten geradezu Reihen solcher Zellen beobachten kann. In die äussere Parallelfaserschicht treten die Gefässe nie ein, sondern sie bildet nach Aussen sich vorwölbend einen Theil der Begrenzung derselben, ebenso entbehrt sie der Zellen. Eine Mündung der Lemnisken auf der Leibesoberfläche, wie solche Pagenstecher beobachtet zu haben glaubt, konnte ich nie entdecken.

Neben der schon von Leuckart[1]) hervorgehobenen Wirkung als Pumpwerk zur Füllung der Gefässräume des Rüssels und des Halses, wird die hauptsächlichste Function der Lemnisken darin bestehen, für den im subcuticularen Fasersystem schwach ausgebildeten Hals und Rüssel und

---

1) a. a. O. pag. 740.

die in denselben gelegenen Theile die nöthigen Nahrungsmengen aufzunehmen und zu verarbeiten.

Der Bulla des Halses schliesst sich der walzenförmige Rüssel an, dem schon Westrumb[1]) eine eingehende Beschreibung widmet. Er gibt ihm eine knorpelartige Beschaffenheit und erkannte auch das in ihm befindliche Gefässsystem. Die Länge des genannten Abschnittes beträgt ungefähr 0,7 — 0,8mm und seine bis zur Spitze ziemlich gleiche Dicke 0,3 mm. Nirgends findet sich in dem Hautgewebe eine Abgrenzung des Rüssels von dem Hals, sondern Cuticula wie auch Subcuticula stellen geradezu nur eine Verlängerung der entsprechenden Theile des letzteren dar. Die Subcuticula, an Dicke ungefähr der des angeschwollenen Halstheiles gleich, besitzt auch dieselben Faserelemente. Die äussere Lage ist verhältnissmässig schwach entwickelt (Fig. 6 b) und bildet die Begrenzung der Gefässräume nach Aussen. Um die Haken placiren sich, meist dicht gedrängt, die Radiärfibrillen und liefern eine vollkommene Umhüllung derselben. Im Allgemeinen ist jedoch das subcuticulare Fasersystem im Rüssel bei weitem nicht in der Deutlichkeit ausgebildet, wie selbst noch im Halstheil, denn von einer körnigen, an Alkoholexemplaren geronnenen Masse verklebt, lassen sich bei oberflächlicher Betrachtung die dünnen Fibrillen leicht übersehen.

Das Gefässsystem besitzt hier eine schon in der kopfartigen Anschwellung des Halses vorbereitete Anordnung. Da die so regelmässige Vertheilung seiner Stämme augenscheinlich durch das Auftreten der Haken bewirkt wird, so dürfte es sich empfehlen, mit der genaueren Beschreibung dieser zu beginnen. In 18 Längs- und 10—20 Querreihen ordnen sie sich alternirend und stehen im unteren Theil des Rüssels weiter entfernt, als in dem oberen, wo der Wurzelfortsatz des einen meist dem Wurzelende des anderen sehr genähert ist. Die ersten Haken sitzen an der Basis des Rüssels gerade da, wo sich die Rüsselscheide der Subcuticula anfügt. Diese, wie auch die nächstfolgenden, sind noch verhältnissmässig klein, so dass sie sich nur

---

1) pag. 44 a. a. O.

wenig über die Cuticula erheben, während die im oberen Theil gelegenen weit über dieselben hervorragen. Auch ihre Gestalt ist nicht überall dieselbe, denn während die untersten einen fast geraden, die nächst folgenden einen nur wenig gekrümmten Stachel vorstellen, sind die weiter nach Oben gelegenen ausserordentlich gebogen. Sie lassen sich einem von zwei Seiten zusammengedrückten Halbkreise vergleichen, dessen allmählich verschmälertes Ende die Spitze und dessen anderes angeschwollenes den Wurzeltheil bildet (Fig. 3). Die directe Entfernung der so ziemlich (allerdings ragt die Spitze meist etwas vor) auf gleicher Höhe gelegenen Wurzel und Spitzenende beträgt 0,04 mm; die Höhe des Bogens 0,06 mm. Ebensolang ist der über die Cuticula sich erhebende, nach abwärts gerichtete Theil, dessen Aussenseite der Oberfläche des Rüssels ziemlich parallel verläuft, und dessen innere mit ihr einen spitzen Winkel bildet. Ein oberer Wurzelfortsatz, wie ihn die Haken vieler Bandwürmer besitzen, fehlt. Ihre Substanz ist eine matt weisse, chitinartige Masse, welche am Wurzelstück wie der Querschnitt deutlich zeigt, einen etwas dreieckigen, im oberen Theil mehr rundlichen Kanal enthält. Schon Zeder[1]) will in den Haken einen Kanal gefunden haben, den er mit der Nahrungsaufnahme in Beziehung brachte, Westrumb[2]) stellt aber die Existenz eines solchen entschieden in Abrede. Die Haken durchdringen die Subcuticula in ihrer ganzen Dicke und pflanzen sich in dem hier ungemein entwickelten, bis 0,006 mm dicken Bindegewebe mit dem verbreiterten, unten abgerundeten Ende ein. Rings senkt sich um sie die Cuticula hinab und steigt an denselben bis in die Nähe des Bindegewebes nach Unten, biegt dann in Schlingenform um und folgt ihnen bis zur Spitze, sie wie eine Düte umkleidend. Der in das Bindegewebe eingesenkte Theil entbehrt natürlich des Ueberzuges.

Wie sich das Gefässsystem zu dem Hakenwerk verhält, ergeben am besten die Querschnitte (Fig. 4). Sie

---

[1]) Erster Nachtrag zu Göze's Naturgesch. d. E.-W. pag. 120.
[2]) a. a. O. pag. 44.

zeigen, wie auf dem sehr regelmässig gebauten Rüssel nach Aussen 18 ungefähr gleich grosse Wülste sich hervorwölben, deren 9 von Haken durchsetzt sind. Die übrigen, je zwischen zwei der vorhergenannten gelagert, enthalten einen halbkreisförmigen Hohlraum. Im oberen Theil des Rüssels, wo die Haken dichter stehen, ragt in jeden dieser Hohlräume der dem Bindegewebe eingepflanzte Wurzelfortsatz des nächst höheren Hakens. Jedem unserer Wülste entspricht somit eine Hakenreihe und ein durch die Haken unterbrochener, von unten nach oben ziehender Gefässstamm. Die seitliche Begrenzung des letzteren bilden die die Haken umstellenden Radiärfibrillen, und sie sind es besonders, welche auch den directen Verlauf des Gefässes nach Oben fast ganz aufheben. Eine Communication des gesammten Lückensystems wird indessen dadurch bewirkt, dass das je zwei benachbarten, übereinander gelegenen Haken zweier nebeneinander hinziehenden Züge angehörige Radiärfaserwerk etwas auseinanderrückt, und der so entstehende Raum eine Verbindung für je zwei benachbarte Gefässe darstellt. Für *Ech. polymorphus* verdanken wir Greeff[1]) eine Beschreibung und Abbildung der Rüsselgefässe, welche mit den vorstehenden Angaben im Allgemeinen übereinstimmen, nur sollen sich hier die schmalen längsverlaufenden, durch seitliche Anastomosen verbundene Stämme direct nach Oben begeben, was ich bei *E. proteus* indessen nicht beobachtete. Die in der Subcuticula des Hinterleibes und Halses gefundenen Zellen fehlen hier vollkommen. Wie die Cuticula nach Aussen in 18 Wulsten sich erhebt, so das innere, kräftige Bindegewebe in den Hohlraum des Rüssels, so dass auch die Innenfläche eine regelmässige Wellenbildung besitzt. Ihm lagert sich nach Innen eine dünne auf dem Querschnitt (Fig. 5) ringsverlaufende Schicht auf, die an der Basis des Rüssels am stärksten entwickelt nach Oben an Mächtigkeit abnimmt. Sie erinnert an die entsprechende Lage in dem Hals und zeigt sich auch auf dem Längsschnitt aus einzelnen durch Bindegewebe verbundenen Ringfasern bestehend. Ihrem Ansehen nach könnte

---

1) a. a. O. pag. 101.

man sie für eine schwach entwickelte Ringsmuskelschicht denken.

Auf der äusseren Gipfelfläche des Rüssels bemerkt man bisweilen eine kleine, aber scharf umschriebene Papille; Westrumb[1]) beobachtete sie bei verschiedenen Arten und hielt sie für ein Saugorgan[2]), eine Ansicht, die jetzt natürlich Niemand mehr vertheidigen wird. Leuckart ist geneigt ihr die Bedeutung eines Tastorganes beizulegen und dürfte wohl hierin Recht haben.

Legt man durch einen zum Theil eingestülpten Rüssel einen Querschnitt, so erhält man natürlich zwei Schnitte zugleich, von welchen der innere, von dem äusseren rings umschlossen, einer weiter nach Oben gelegenen Rüsselregion angehört. Zwischen der Innenseite des äusseren und der Aussenseite des inneren Schnittes erblickt man, der vorhin erwähnten Ringfaserschicht angelagert, durchschnittene Längsmuskeln, die zu der Vermuthung Veranlassung geben könnten, es besässe auch der Rüssel eine Längsmuskulatur. Indessen sind diese unten noch genauer zu beschreibenden Muskelfasern, die an der Innenfläche des Rüssels herablaufenden Theile des retractor proboscidis.

b. *E. angustatus.*

Im Bau des Halses unterscheidet sich *E. angustatus* von *proteus* vor Allem durch die viel geringere Grösse, er misst ungefähr 0,7 mm, somit etwa $1/5$ der bei *proteus* gefundenen Länge. Dieser so gering entwickelte Leibestheil tritt noch mehr dadurch zurück, dass er stets mehr oder weniger eingezogen, meist nur in einer Länge von 0,5 mm, sichtbar wird. Von dem Hinterleib setzt er sich durch eine ringförmige Cuticularfalte ab und unterscheidet sich in seiner Gewebebildung, wenigstens im basilaren Theil, in Nichts von dem vorhergehenden Abschnitt. Erst weiter oben, wo die Lemnisken abgehen, verliert der Hals in dem Bau des

---

1) a. a. O. pag. 45.

2) Der von der Papille aufgenommene Nahrungssaft soll dann durch einen im Rüssel vorhandenen Kanal (wahrscheinl. der retract. prob.) in die Scheide befördert werden und von hier in die nach der damaligen Ansicht mit ihr in Verbindung stehenden Lemnisken übertreten. pag. 45 u. 62.

Faserwerkes die Aehnlichkeit mit dem Hinterleib. Die Radiärfasern werden sparsamer, und die äussere Wellenlage, aus stark verklebten Fibrillen gebildet, reducirt sich auf einen Bruchtheil der früheren Stärcke. Ring und Längsmuskeln erstrecken sich über den Cuticularring hinaus, erstere fehlen dem oberen Abschnitt.

Die Lemnisken erscheinen auch hier als Anhangsgebilde des Halses, dem sie aber nicht, wie bei *E. proteus* an der Basis, sondern weiter oben eingefügt sind. Einen weiteren Unterschied liefert der Compressor, der aus abgelenkten Längsmuskeln bestehend die Lemnisken ganz umhüllt. Im Querschnitt erscheinen diese schwach halbmondförmig gebogen und entbehren hervortretender Längswulste. Das Fasersystem ausser der Muskellage von einem dünnen, mit dem der Subcuticula des Halses in Verbindung stehenden Bindegewebe bedeckt, zeigt diesem direct aufliegend eine helle, vom Innengewebe verschiedene, dünne Zone, die aber eine Bildung, wie sie oben für *E. proteus* beschrieben wurde, nicht erkennen lässt. Aus ihr entspringen die hier allein vorhandenen Radiärfasern und ziehen dicht gedrängt, ziemlich parallel verlaufend zur gegenüberliegenden Wand. Wie schon aus dem Fehlen nach Aussen vorspringender Längswulste sich vermuthen lässt, sind die bei *E. proteus* im mittleren Abschnitt stark entwickelten Gefässstämme hier nicht vorhanden, und das ganze Gefässsystem beschränkt sich auf die beiden, am Seitenrande gelegenen Hohlräume (Fig. 17).

Auf dem ungefähr 0,7 mm langen Rüssel sind die Haken in 10 Längsreihen gelagert. Eine dünne Cuticula mit deutlich erkennbarer, nach Innen gelegener Schicht deckt das subcuticulare Fasersystem, dessen äussere Zone die Dicke der Cuticula nicht viel übersteigt. Die sehr dünnen und sparsam vorhandenen Fasern lassen sich noch schwieriger erkennen als im Rüssel des *E. proteus*. Den 10 Hakenreihen entsprechend, tritt das Hautgewebe etwas hervor; doch sind diese Wulste bedeutend schwächer als bei der ebengenannten Art. Die Haken, an Form denen des *E. proteus* ungefähr gleich, sind etwas grösser als diese. Ihre ganze Länge beträgt 0,14 mm, die des über die Cuticula hervorragenden Theiles 0,12 und die Grösse des Wurzelabschnittes 0,11 mm. Im Bau des Letzteren ergibt sich ein weiterer Unterschied von *E. proteus*, bei ihm fehlt der obere Wurzelfortsatz, hier besitzen alle einen deutlich hervortretenden, zweischenkligen oberen Wurzelabschnitt, welcher indessen dem unteren einfachen an Länge bedeutend nach steht. An den Haken senkt sich wie auch bei *E. proteus* die Cuticula ein, der von ihr freigelassene Wurzeltheil inserirt sich dem hier schwächer entwickelten Bindegewebe. Um so stärker ist die ihm innen anliegende Ringmuskelschicht entwickelt; sie erscheint auf der Flächenansicht des gefärbten, eingestülpten Rüssels als eine, von Bindegewebe durchsetzte, von Ringfasern gebildete Platte, deren innere Oberfläche, besonders auf dem Längsschnitte, papillöse Erhebungen zeigt. Weiter nach Innen folgen dann die an der Rüsselwand herablaufenden Fasern des retractor proboscidis.

3. Bau der Rüsselscheide, des retractor proboscidis und des Ganglion.

Neben den Lemnisken liegt in dem vorderen Theil der Leibeshöhle die Rüsselscheide, bestimmt den Rüssel bei der Einstülpung aufzunehmen. Sie bietet aber nicht allein diesem Organ eine Hülle, sondern umschliesst auch dessen Rückzieher und den Centraltheil des Nervensystems. Ungefähr cylinderförmig, wird sie von zwei kräftigen Muskelblättern gebildet, die im Allgemeinen ziemlich gleich gebaut, doch einige Unterschiede bei *E. proteus* und *angustatus* zeigen, so dass die gesonderte Beschreibung beider gerechtfertigt sein wird.

a. *E. proteus.*

Die Länge der Rüsselscheide beträgt ungefähr 2 mm, der Durchmesser, je nach der Contraction bald grösser, bald kleiner, im Mittel 0,4 mm. Wie schon erwähnt baut sich dieselbe aus zwei cylinderförmigen Muskelrollen auf, einer inneren, der eigentlichen Scheide, und einer äusseren diese umgebenden, welche vorn und hinten offen, während die innere hinten geschlossen, nur den Fasern des Rückziehers den Durchtritt gestattet. Man findet den unteren, meist verschmälerten Theil der inneren Röhre bald durch die Oeffnung der äusseren hervorgetreten, bald auch in diese vollkommen zurückgezogen; dieses Verhalten spricht für einen gewissen Grad von Verschiebbarkeit beider Scheidentheile. Ausgezeichnet ist sowohl die äussere, als auch die innere Muskelplatte durch die kräftigen Einstrahlungen des Bindegewebes, welche auf ersterer mehr oder weniger horizontal, auf letzterer dagegen schief gestellte Spalten im Muskel bilden. In Folge der Verschiedenheit dieser Lagerung erscheint auf dem Querschnitt die innere Schicht des Receptaculum von Radiärfibrillen durchsetzt, welche der äusseren fehlen; in beiden dagegen zeigt sie der Längsschnitt. Erhebliche Verschiedenheit in der Form geben die beiden Lagen auf dem Querschnitt zu erkennen. Direct an der Basis ist diese Differenz allerdings nur wenig oder noch gar nicht entwickelt, findet sich aber schon in der Gegend des Ganglion deutlich ausgeprägt. Der innere Cylindermantel stellt hier einen mehr oder weniger kreisrunden Ring dar, während der äussere sich gleichsam aus zwei mit den spitzen Enden aneinandergelegten Halbmonden zusammengesetzt erweist (Fig. 8 B). Die Muskelmasse, welche an der breitesten Stelle derselben ungefähr doppelt so stark ist wie die innere Scheidenlage, nimmt nach der Spitze zu allmählich ab und verschwindet an der Berührungsstelle fast vollständig, so dass die beiden Hälften gewissermassen nur durch das die Muskelsubstanz überziehende Bindegewebe zusammengehalten werden. Weiter nach Oben reducirt sich die Mächtigkeit dieser halbmondförmigen Gebilde und ist in dem kopfförmig aufgetriebenen Halstheil, also nicht weit von der Ansatzstelle der Scheide, nicht stärker als die innere Lage. Der Aussenfläche der äusseren, wie der inneren Röhre liegt ein kräftiges Bindegewebe auf, dessen in die Muskelmasse einstrahlenden Ausläufer die schon genannten Spalten bilden. Der äussere Theil zeigt auf dem Querschnitt auch eine feine circuläre Faserung, welche dem inneren fehlt. Der Innenfläche beider sitzen papillenartige Erhebungen in grosser Zahl auf; die Flächenansicht[1]) ergibt, dass sie eine etwas längliche

---

1) Wie man auf der umgestülpten Scheide findet.

Form besitzen und schief gestellt sind. Pagenstecher hielt sie für Zellen, sie sind indessen, was schon Leuckart[1]) hervorhob, Bindegewebsgebilde und wirken wahrscheinlich als elastische Polster. Papillen von hervorragender Grösse finden sich häufig da, wo die beiden Hälften der äusseren Schicht zusammenstossen, hier sind dieselben bisweilen derart aneinander gefügt, dass an der Berührungsstelle ein kanalartiger Raum entsteht (Fig. 8 B. h).

Wird ein Querschnitt durch das Receptaculum ungefähr da gelegt, wo die beiden Retinacula in dasselbe eintreten, so findet man, sowohl auf dem äusseren, als auch inneren Theil an zwei Stellen, nicht weit von einander entfernt, die Muskelmasse sich in Kreisform blasenartig erheben (Fig. 8 A. c. k). Auf dem Längsschnitt besitzen diese Blasenräume eine mehr längliche Form (Fig. 7. h). In jeder derselben liegt ein kräftiger Kern mit Kernkörperchen in ein kapselartiges Gehäuse eingeschlossen, zu dem, wie die Schnitte ergeben, von der Muskelsubstanz Fasern ziehen. Solcher in Papillen eingelagerter Kerne besitzt der äussere und innere Scheidentheil mehrere, von welchen besonders 4, nicht weit vom Grunde des inneren Theiles gelegene, stark hervortreten. Auch Pagenstecher und Greeff beobachteten diese Kerne in der Rüsselscheide, aber während sie ersterer als Drüsenzellen deuten zu müssen glaubte, brachte sie Greeff mit dem Nervensystem in Besiehung[2]). Uebrigens bemerkte schon Pagenstecher, dass sie in den Scheidenraum vorspringenden Papillen eingebettet seien, ein Umstand, der ihn zu dem Irrthum verleitete, allen papillösen Erhebungen der inneren Scheidenoberfläche Kerne zuzuschreiben.

Im inneren Cylinder des Receptaculum zieht sich, im Grunde befestigt, der Retractor proboscidis nach Oben und besteht im unteren Theil aus blattförmigen, eingerollten Fasern, welche den sie bergenden Hohlraum fast ganz er-

---

1) a. a. O. 759.
2) Ueber die Natur der genannten Gebilde kann kaum ein Zweifel bestehen, sie sind Muskelkerne wie auch die beiden auf der Vorderseite der Uterusglocke gelegenen, in ganz ähnlichen Blasen befindlichen Kerne. Fig. 13 Bg.

füllen. Schon etwas unterhalb ihres Eintrittes in den Rüssel ändert sich indessen ihre Form, indem sie hier entschiedener röhrenförmig werden und verlaufen in dieser Gestalt bis zur Rüsselspitze. Die im unteren Theil noch geringe Zahl der Fasern vermehrt sich nach Oben durch Spaltung. Vier Kerne sind ihnen dort eingelagert und zwar befinden sich dieselben in dem Hohlraum der Muskelröhre, von einer Hülle umgeben, zu welcher von der Wand Fibrillen sich begeben. In der Nähe der Rüsselspitze strahlen die Muskelfasern auseinander, so dass ein derselben zugerichteter trichterartiger Hohlraum entsteht, setzen sich an der Peripherie der Spitze fest und verlaufen dann, an Zahl ungefähr 22, längs der Innenwand herab bis zur Ansatzstelle der Scheide und endigen hier (Fig. 3 p.). Durch Bindegewebe an der Ringfaserschicht des Rüssels befestigt, zeichnen sich alle durch ihre regelmässige Anordnung und gleichmässige, aber eigenthümliche Form aus. Sie stellen nämlich Längsmuskelplatten vor, welche die Innenfläche des Rüssels vollkommen auskleiden. Je zwei benachbarte Ränder treten, sich nach Innen einschlagend, in Verbindung. Ueber den eingerollten Rand setzt sich aber das die Muskelmasse überziehende Bindegewebe fort und bildet eine in den Hohlraum des Rüssels einspringende Papille. Man kann diese so ausgebildeten Längsmuskeln einer gewöhnlichen Faser vergleichen, welcher auf der einen Seite die Muskelsubstanz geschwunden, so dass nur das Bindegewebe übrig geblieben. Die Hohlräume dieser Papillen sind häufig mit einer körnigen Masse erfüllt (Fig. 4 i).

Auf der Innenfläche der Rüsselspitze liegen zwei birnförmige Zellen, welche in den trichterförmigen, von den Muskelfasern gebildeten Hohlraum hineinragen (Fig. 3 l. Fig. 6 f).

An der Basis der Scheide treten einzelne Fasern des Rückziehers in die beiden Retractoren derselben ein, welche sich an der Leibeswand befestigen und so die Veranlassung sind, dass bei eingezogenem Rüssel und Hals die Scheide in Schlingenform gelegt ist und auf Querschnitten z. B. der tönnchenförmigen aus Gammariden genommenen Larven sich zweimal durchschnitten findet.

Nicht weit vom unteren Ende des Receptaculum liegt im inneren Scheidentheil, von Muskeln rings umgeben, das von Siebold entdeckte Ganglion. Es stellt einen ovalen [1]) ungefähr 0,4 mm langen und 0,2 mm breiten Zellhaufen vor, dessen Querschnitt elliptisch ist und eine mittlere Breite von 0,1 mm besitzt. Siebold's Deutung haben sich die meisten der späteren Untersucher angeschlossen, nur Leydig [2]) erblickt in ihm eher eine Drüse, auch Carus [3]) ist im Zweifel, und Lindemann [4]) stellt überhaupt die Existenz eines solchen Gebildes in Abrede. Die genauere Beschreibung des Ganglion und der von ihm austretenden Nerven folgt weiter unten bei *Ech. angustatus.*

b. *Ech. angustatus.*

Da *Ech. angustatus* im Bau des Receptaculum mit *E. proteus* in vielen Punkten übereinstimmt, so will ich mich hier auf die Anführung der wichtigsten Differenzen beschränken. Der hauptsächlichste Unterschied beruht in der bei *angustatus* vollkommen gleichen Bildung des äusseren und inneren Scheidentheiles, welche auf dem Querschnitt als zwei concentrische Kreise erscheinen. Auch der äussere ist unten geschlossen und wie die innere Röhre von schräg verlaufenden Bindegewebsstrahlen durchsetzt. Papillen sitzen der Innenfläche beider auf und sind auf dem inneren Theil stärker entwickelt als auf dem äusseren, während bei *Ech. proteus* das umgekehrte Verhalten sich findet. Kerne liegen auch hier an der Basis der Scheide in Blasenräume eingebettet. Der Rückzieher des Rüssels zeigt sich auch schon im unteren Theil aus weiteren Röhren gebildet. Sie vermehren sich nach Oben ebenfalls durch Spaltung, setzen sich im Umkreis der Rüsselspitze fest und verlaufen an der Innenfläche bis zur Ansatzstelle der Scheide nach Abwärts.

Das von Muskelfasern vollkommen umgebene Ganglion

---

1) Pagenstecher gibt ihm eine dreieckige Gestalt, eine Form durch den Druck veranlasst, den er nach eigener Angabe anwandte, um das Object durchsichtiger zu machen.
2) Vgl. Anatomie d. wirbellosen Thiere 1845. pag. 128.
3) Handbuch d. Zoologie von Carus und Gerstäcker II. Bd. pag. 457.
4) Bull. Soc. impér. Moscou 1865 pag. 490.

besitzt ungefähr die Grösse desjenigen von *E. proteus* und hat ebenfalls eine ovale Form. Nach der Angabe Leuckart's[1]) gruppiren sich die Fasern des retractor derart um dasselbe, dass auf der einen Seite fast alle, auf der gegenüberliegenden nur einige wenige verlaufen, meine Schnitte liessen indessen eine solche Anordnung nicht erkennen, mochten auch an einer Stelle eine oder zwei Fasern mehr gelegen sein als an der gegenüberliegenden, so war doch im Uebrigen die Vertheilung eine ganz gleichmässige. Da die Beobachtung des Ganglion, besonders aber der von ihm abtretenden Nerven durch die Fasern des Rückziehers ungemein erschwert wird, so habe ich dasselbe isolirt und der genaueren Untersuchung hierdurch besser als selbst durch Längsschnitte zugänglich gemacht.

Zum Bau desselben treten länglich runde, ungefähr 0,03 mm grosse Zellen zusammen und ordnen sich derart, dass eine Aussenlage und eine von dieser umschlossene Innenschicht zur Bildung kommt. Durch den gegenseitigen Druck platten sich die Zellen an den Berührungsstellen etwas ab und besitzen auf Schnitten die Form eines Fünf- oder Sechseckes. In der peripherischen Lage sind sie so gruppirt, dass meist der verschmälerte untere Theil einer oberen Zelle von dem verbreiterten der nächst nach Unten folgenden bedeckt wird, oder sich zwischen zwei untere Zellen einschiebt. Hierdurch erscheint auf Querschnitten zwischen zwei grosse Zellen häufig ein kleines Zellenstückchen eingefügt. Dass eine Umhüllung dem Ganglion nicht zukommt, ergibt ebenfalls der Querschnitt und weiter zeigt er, dass die innere Schicht im Verhältniss zur äusseren wenig Zellen enthält. Durch Auslaufen in Nervenfäden geben sich unsere Zellen als echte Ganglienzellen zu erkennen[2]). Solcher Fäden vereinigen sich stets mehrere zur Bildung eines Nerven, deren 6 kräftige stets leicht ge-

---

1) a. a. O. pag. 765.

2) Eine Verschiedenheit der Ganglienzellen von *E. proteus* und *E. angustatus* in Beziehung der Kerne, wie sie v. Linstow aus der Abbildung des Gehirns von *E. proteus* bei Pagenstecher vermuthet, ist nicht vorhanden.

funden werden [1]). Es sind dies: Ein vorderer und hinterer Mediannerv und zwei vordere und hintere Seitennerven. Der vordere Mediannerv setzt sich aus 4 Fasern zusammen, deren zwei aus zwei ziemlich weit nach Unten gelegenen Zellen stammen (Fig. 6 h.) Fünf bilden die benachbarten Seitennerven, sind an der Basis derselben in zwei Portionen gesondert und vereinigen sich erst über dem Ganglion. Gelingt es durch Zerzupfen die Fasern dieses Nerven zu isoliren, wie dieses Fig. 6 c zeigt, so erkennt man, dass alle aus Zellen des nächsten Bezirkes entspringen. Besonders deutlich sind die beiden Zellen Fig. 6 f. Sie liegen einander genähert und sind bipolar. Der eine Fortsatz läuft aufwärts, der andere, mit dem gegenüberliegenden convergirend, nach Unten. Eine ähnliche bipolare Zelle findet sich weiter unten; sie ist quergelagert und gibt rechts und links eine Faser ab. Die hinteren Seitennerven sind, wie Querschnitte durch das Retinaculum leicht zu erkennen geben, aus 6—7 Fasern gebildet. Sie treten in den genannten Muskel ein, der eine eingerollte Platte darstellt, deren Ränder durch das die Berührungsstelle überbrückende Bindegewebe in ihrer Lage fixirt werden. Der vordere Mediannerv durchzieht den Rüssel bis zur Spitze, wo bei *E. proteus* die beiden der Innenseite aufgesetzten Zellen sich befinden. Sie haben die Grösse der Ganglienzellen und treten sowohl auf dem Längsschnitt (Fig. 3 l), als auch auf dem Querschnitt (Fig. 6 f) deutlich hervor. Leicht lassen sie sich sichtbar machen, indem man einen eingestülpten Rüssel aus der Scheide präparirt. Hier sind sie natürlich der Aussenfläche der Spitze angefügt. Wahrscheinlich stehen diese Zellen mit einem hier vorhandenen Tastvermögen in Beziehung.

4. Bau der weiblichen Geschlechtswege.

Wie schon in der Einleitung erwähnt, war es C. H. A. Burow, welcher die ältere Ansicht, es würden die Eier der

---

1) Leider kann ich nicht mit Bestimmtheit sagen, ob neben den genannten stärkeren auch feinere Nervenstämmchen das Ganglion verlassen, da bei der Isolation diese abreissen und übersehen werden,

Echinorhynchen am Vorderleibe nach Aussen befördert, endgültig beseitigte und zuerst darauf aufmerksam machte, dass dieselben durch eine in die Leibeshöhle sich öffnende Glocke in den Eileiter aufgenommen, am Hinterleibsende geboren würden. Indessen erkannte er, durch die Leibesdecke beobachtend, nur ihren äusseren Umriss, der feinere Bau hingegen blieb ihm verschlossen. Später gab v. Siebold eine genauere Beschreibung dieses Organes und schilderte auch auf eine treffliche Weise den höchst eigenthümlichen Mechanismus desselben, durch welchen die reifen Eier in den Uterus gelangten, die unreifen dagegen durch eine an der Basis der Glocke gelegene Oeffnung der Leibeshöhle zurückgegeben würden. Zugleich bemerkte derselbe, dass der Ursprung der Eier in dem Ligament zu suchen sei, dessen Innenfläche er die Fähigkeit der Eibildung zuschrieb. Die folgenden Arbeiten über die Uterusglocke von Dujardin [1]), Diesing [2]) und Wagener [3]) schlossen sich ganz der Darstellung v. Siebold's an, nur ist zu bemerken, dass Dujardin das Ligament nicht als Ort der Eibildung annahm, sondern diese Fähigkeit der ganzen inneren Leibeswand zuerkannte. Wahrscheinlich wurde diese Ansicht, neben dem vermeintlichen Finden einer Art (*Ech. agilis*), der das Ligament fehle, besonders dadurch hervorgerufen, dass fast immer der zwischen Quer- und Längsmuskeln bleibende Raum bei weiblichen Kratzern von Eiern erfüllt ist, wie dies auch schon Westrumb [4]) mit Verwunderung beobachtete. Wagener und Pagenstecher schlossen sich der Siebold'schen Ansicht an. Eine Entscheidung dieser Frage gab dann das Auffinden der wirklichen Ovarien durch Greeff [5]). Widerspruch fanden die v. Siebold in Bezug auf die Uterusglocke gemachten Angaben in der 1863 er-

ganz junge Exemplare, bei welchen die Scheide noch durchsichtig ist, aber von *E. angustatus* mir nicht zu Gebote standen.

1) Hist. nat. d. Helminth. 1845 pag. 494.
2) Zwölf Arten von Acanthoc. XI. Bd. d. Denkschr. d. math.-nat. Classe d. kais. Ak. d. Wissensch.
3) a. a. O.
4) a. a. O. pag. 57.
5) Ueber d. Uterusglocke u. d. Ovarium d. Ech. Archiv für Naturgesch. XXX. Bd. 1864 pag. 369.

schienenen Abhandlung Pagenstecher's über den *Ech. proteus*. Er stellte die Existenz einer besonderen Glocke in Abrede und erblickte in diesem Apparate nichts, als eine stärker muskulöse Entwicklung des Ligamentralstranges, der als Eileiter fungire. Diese Ansicht wurde durch die im folgenden Jahr erschienene eben genannte Arbeit Greeff's widerlegt. 1872 neigt jedoch v. Linstow der Pagenstecher'schen Meinung zu, indem er das Ligament (in seiner mir nicht verständlichen Abbildung der Uterusglocke des *Ech. angustatus*) bis tief in den Uterus sich fortsetzen lässt und auch einer unteren Glockenöffnung nicht Erwähnung thut. Eine genauere Beschreibung der Glocke dieser Art gibt Leuckart[1]), mit welcher aber, was besonders für den unteren Theil des Apparates gilt, meine Beobachtungen nicht übereinstimmen. Ganz neuen Datums ist eine eingehende Schilderung der Uterusglocke des *E. gigas* von A. Andres[2]).

An das untere Ende der Rüsselscheide befestigt sich das Ligament, ein von zahlreichen Fasern gebildetes Muskelnetz, dem im oberen und unteren Abschnitt einige Kerne eingelagert sind. Es zieht sich in zwei dünne Stränge aus, deren einer in die Glocke tritt, während der andere sich an zwei hinter derselben gelegenen Zellen befestigt. So bei *Ech. proteus*, dagegen verlängert sich bei *E. angustatus* das Ligament nur in einen, dafür aber auch sehr langen Strang, welcher in die Uterusglocke aufgenommen wird.

Zeigen auch *E. proteus* und *angustatus* in der Bildung der einzelnen den Ausführungsapparat aufbauenden Elemente mancherlei Verschiedenheiten, so lässt sich doch in der Anordnung derselben in allen Theilen ein, den nämlichen Mechanismus bedingendes Princip erkennen. Hier wie dort zerfällt der Leitungsapparat in drei Abschnitte, einen oberen zum Ergreifen der in der Leibeshöhle flottirenden Eier bestimmten, die Glocke, einen mittleren, den Uterus, und einen unteren, den Auswurf besorgenden, die Vagina.

---

1) a. a. O. pag. 791 ff.
2) Ueber d. weibl. Geschlechtsapparrat d. Ech. gigas. Morphol. Jahrb. 4. Bd. 4. Heft. pag. 584.

Beginnen wir mit der Beschreibung der Uterusglocke von *E. proteus*. Sie stellt eine becherförmige ungefähr 0,29 mm lange und je nach der Contraction 0,14—0,18 mm breite, muskulöse Röhre vor. Mit dem oberen etwas erweiterten Ende öffnet sie sich in die Leibeshöhle, die untere Oeffnung schaut in den complicirten von Leuckart „Glockenmund" bezeichneten Theil, welcher dem Uterus direct aufsitzt. Jenem fügt sich auch vorn und seitlich das untere Ende ihrer Wandung an, während an der Basis der Hinterseite durch einen Ausschnitt eine ebenfalls in die Leibeshöhle blickende Oeffnung entsteht (Fig. 10 u. 12 n). Die Substanz der Glocke bildet eine circa 0,01 mm dicke Muskelschicht, welche auf der Flächenansicht durch die Einstrahlungen der starken sie umhüllenden Bindegewebslage eine verworren faserige, bei oberflächlicher Einstellung auch eine parallel ringsverlaufende Zeichnung erhält. Eine von Leydig[1]) der Glocke zugeschriebene quergestreifte Muskulatur wird mit Recht von Leuckart[2]) in Abrede gestellt, und wie ich schon hier bemerken will, ist auch die von Greeff[3]) an dem Uterus beobachtete Querstreifung durch Bindegewebseinstrahlung hervorgerufen. In das Innere der Glocke springen, wie Quer- und Längsschnitte deutlich zeigen, zahlreiche Papillen der Muskellage vor, die an Grösse im Allgemeinen sehr wechselnd, besonders an der oberen Oeffnung, wo auch die Muskelsubstanz etwas mächtiger ist, stärker hervortreten. Hierdurch kommt an der genannten Stelle eine Art Lippe zu Stande, die sich schon äusserlich als ein wulstiger Ring absetzt (Fig. 9. s). Vor Allen aber zeichnen sich zwei Papillen, an der Basis der Vorderfläche gelegen, durch ihre Grösse aus. Sie stossen aneinander und ragen so sehr in den Hohlraum der Glocke, dass dieser hier stark verengt erscheint. Auf dem Längsschnit besitzen sie eine länglich ovale Form, von der Fläche gesehen gleichen sie dagegen zwei, mit den ebenen Seiten aneinander gelegten Halbkugeln. Im Innern jeder dieser

---

1) Lehrbuch d. Histiologie 1857. pag. 135.
2) a. a. O. pag. 791.
3) a. a. O. pag. 373.

Blasen befindet sich ein Kern und zwar ganz auf dieselbe Weise mit deren Wandung verbunden, wie wir es oben bei den im unteren Theil der Rüsselscheide gelegenen Kernen gefunden haben. Durch die nach der Wand verlaufenden Fasern hat es oft den Anschein, als wenn der Kern selbst sternförmig ausstrahlte (Fig. 13 B. g.).

Oben wurde bemerkt, dass das vordere und seitliche Ende der Glocke sich an dem unter ihr gelegenen Glockenmund festsetze. So scheint dies beim ersten Anblick allerdings sich zu verhalten, genauere Untersuchung der Seitenansicht, besonders aber Querschnitte ergeben, dass die Verbindung keine directe, sondern durch einen zwischengeschobenen Muskelring vermittelt wird (Fig. 13 C. D.E. i.). Legt man einen Schnitt durch die Glocke unterhalb der genannten Kerne (Fig. 13 C.), so erscheint dieselbe an Stärke der Wandung bedeutend reducirt und von einem kräftigen Muskel umschlossen (i). Vorn erblickt man die unteren Theile der genannten Blasenräume, welche hier, wie auch sonst, von Fasern durchzogen sind (c). Etwas abwärts fällt durch den an der Basis der Glocke befindlichen Ausschnitt der hintere Theil der Wand weg, und es bleibt nur noch der vordere übrig (Fig. 13 D. c). Noch weiter unten fehlt auch dieser (Fig. 13 E.).

Hinter der Glocke finden sich, wie die Ansicht von der Seite (Fig. 9 l), besser die von hinten (Fig. 12 l) erkennen lässt, zwei längliche, ungefähr 0,4 mm lange Zellen, welche mit ihrem unteren Ende einer nach oben gerichteten Verlängerung des Eileiters aufsitzen und oben mit dem zweiten Strang des Ligamentes in Verbindung treten. Der Querschnitt zeigt sie von Bindegewebe überzogen und einer Muskelröhre nicht unähnlich, ihren Hohlraum durchsetzen Fibrillen (Fig. 13 B. h, r, s). Am oberen Ende besitzt jede einen grossen einem blasenartigen, kreisrunden Raum eingebetteten Kern, der wie alle noch zu erwähnenden, gleich denen der Glocke an der Wand befestigt ist.

Leuckart's[1]) Beschreibung des weiter abwärts folgenden Glockenmundes stimmt, wie schon oben erwähnt,

---

1. a. a. O. pag. 793.

mit meinen Beobachtungen nicht überein. Nach seiner Angabe gehen in die Bildung dieses Abschnittes 10 Zellen ein, 6 äussere und 4 innere, von welchen letztere, von den ersteren ganz umschlossen, das Lumen des Eikanales verengen sollen. Mehr als 7 Zellen konnte ich jedoch nie hier entdecken, deren Anordnung auch nicht derart war, dass ein Theil nach Innen gedrängt, von den übrigen gänzlich umschlossen wurde. Was ich sah, lässt sich in Folgendes kurz zusammenfassen.

Den beiden hinter der Glocke sich findenden Zellen (Fig. 13 B h, Fig. 12 l) legen sich auf der unteren Innenseite, gerade der hinteren Oeffnung der Glocke gegenüber, zwei 0,2 mm lange und 0,1 mm breite, auf der Seitenansicht stark gewölbte Zellen an Fig. 9, 10 m. Sie erscheinen vom Rücken betrachtet an der Basis verjüngt und treten zu einer herzförmigen Figur zusammen (Fig. 12 m.). Ihrer meist dicht körnigfaserigen Substanz ist in ähnlicher Weise wie bei den vorhergenannten Zellen je ein Kern eingelagert (Fig. 13 C. g. k). Der oben beschriebene Muskelring verbindet sich ihnen derart, dass eine, allerdings sehr kurze Längsröhre gebildet wird, deren hintere Wand diese beiden Zellen, und deren seitlichen die Seitentheile des Muskelringes vorstellen. In die so beschaffene, oben offene Röhre führt die hintere, querverlaufende Oeffnung der Glocke ein. Nachdem der Ringmuskel letztere umgürtet, verläuft er, sich verbreiternd, nach Vorn und Unten und bildet die äussere Begrenzung der Vorderseite bis in die Nähe der sich erhebenden Uteruswand (Fig. 9. 10. 11 f). Etwas unterhalb der beiden grossen Papillen der Glocke besitzt er rechts und links einen kräftigen Kern (Fig. 9 f).

Den beiden hinter der Glockenöffnung gelegenen Zellen (Fig. 9. 10. 11. 12 m) verbindet sich auf jeder Seite eine grosse, im oberen Theil nach Aussen stark vorgewölbte, im unteren verschmälerte und lang ausgezogene Muskelzelle (Fig. 9. 10. 12 q), welche ich in Zukunft „Seitenzellen" nennen werde. Sie besitzen in der Nähe der Ansatzstelle einen deutlichen Kern und fügen sich vorn einem maschenreichen, von Muskelfibrillen gebildeten Gewebe an, dem, ungefähr in gleicher Höhe mit dem ebengenannten, zwei

Kerne eingebettet sind (Fig. 10). Auf der Vorderseite schliesst dieses Maschenwerk eine langgestreckte mit den Rändern eingeschlagene Zelle ab, welche oben von dem Ringmuskel und den beiden blasenförmigen Hervorragungen der Glockenwand auf der äusseren Fläche, auf der inneren von den beiden im Ligamentalstrang gelegenen keulenförmigen Zellen bedeckt wird (Fig. 10 q). Letztere sind nicht viel kürzer als die Glocke selbst, entbehren im unteren Theil des Muskelüberzuges und befestigen sich ausser an genannter langgestreckter Zelle auch an dem Maschenwerk Fig. 10. Die im oberen Abschnitt nach Aussen wulstig hervortretenden beiden Seitenzellen (Fig. 9. 10 q) scheinen auf der Flächenansicht zur Bildung eines Trichters sich mit ihren eingerollten Rändern zu vereinigen, wie dies auch Greeff abbildete. Der Querschnitt (Fig. 13 E) belehrt uns aber, dass ein Trichter hier in Wirklichkeit nicht vorhanden ist. Die beiden Zellen sind zwar nierenförmig eingekrümmt, die Ränder stossen aber nicht zusammen. Sie bieten dem Ringmuskel i eine weitere Ansatzstelle, dessen Kern hier jederseits getroffen ist. Den Innenraum füllt das schon mehrerwähnte Maschenwerk o, dessen vordere Begrenzung die Zelle m bildet (Fig. 9 g).

Fig. 13 F zeigt dieselben Theile etwas weiter unten durchschnitten. Der Ringmuskel ist aber bereits geschwunden, und die bedeutend verbreiterte Zelle m berührt den Vorderrand des Wulstes p. Dem Maschenwerk gehören die beiden Kerne r an. Vorn und hinten liegen die durchschnittenen oberen Enden des Uterus (t). Gehen wir noch weiter abwärts, bis dahin, wo die beiden kuglig nach Aussen vorspringenden Seitenzellen in die langen Säulen (Fig. 9 r) plötzlich sich verjüngen, so zeigt uns hier der Querschnitt gänzlich umgestaltete Verhältnisse. Alle Theile sind von dem oberen Ende des Uterus umschlossen, das Maschenwerk umfliesst die Säulen x, die, in das Innere gedrängt, als zwei mit den Oeffnungen gegeneinander gerichtete Halbmonde erscheinen. Nicht selten sind sie auf dem Querschnitt geradezu als Röhren zu erblicken; doch stellt diese Form nur einen besonderen Contractionszustand vor. Die vordere Begrenzung bildet die Zelle m, welche meist von einer körnigen Masse umgeben ist. Sie scheint aus der Zelle selbst zu kommen, deren Innenraum, besonders am Rande, eine ebenso beschaffene Masse enthält.

Neben den Querschnitten ist besonders die Ansicht von hinten für die Untersuchung geeignet. Unterhalb des sich scharf absetzenden Muskelringes (Fig. 12 w) liegen, sich an das herzförmige Zellenpaar (m) ansetzend, die Seitenzellen q. Ihre Form prägt sich hier viel deutlicher aus als auf der Seitenansicht. Man kann sie einem im Obertheil stark verdickten eingerollten Blatte vergleichen. Während der obere Theil nach Aussen frei hervorragt, ist der verschmälerte untere von dem Maschenwerk umschlossen, (r, k), welches auch auf der Rückenseite nach Oben verjüngend sich emporhebt und von dem gleichfalls zungenartig emporsteigenden oberen Uterusende (v) bedeckt wird.

In die Bildung des gesammten dem Uterus aufsitzenden Apparates gehen, um noch einmal einen kurzen Ueberblick zu geben, 15 Zellen ein, die sich folgendermassen vertheilen: Aus zwei entsteht die Glocke, zwei bilden den Muskelring, hinter der Glocke liegen zwei lange Zellen, an deren Basis sich die beiden der hinteren Glockenöffnung gegenübergestellten anschliessen, sie stützen die beiden Seitenzellen, aus zwei Zellen geht das Maschenwerk hervor, zwei birgt der Ligamentalstrang und eine unpaare Zelle ist auf der Vorderseite dem Maschenwerk angefügt. Die drei letzten scheinen drüsiger Natur zu sein.

In den Uterus gelangen die Eier auf folgende Weise. Zuerst öffnet die Glocke, sich nach Oben vorreckend, ihren Mund, fasst die ihm zunächst liegenden Eier und drängt dieselben durch Zusammenschnüren der Lippen in den bei diesem Akte sich erweiternden unteren Hohlraum, aus welchem sie durch den alsdann in Wirkung tretenden Ringmuskel entfernt werden. Ein Theil tritt sofort durch die hintere Oeffnung der Glocke nach der Leibeshöhle zurück, ein anderer wird gegen das zwischen den beiden Seitenzellen gelegene Maschenwerk gepresst. Die verhältnissmässig engen Lückenräume desselben vermögen aber nur die langen, spindelförmigen, d. h. die reifen Eier zu passiren, die übrigen werden bei der dann erfolgenden Contraction der Seitenzellen und des Maschenwerkes wieder nach oben gedrückt, während die ersteren, abwärts fortrückend durch die, in ihrer Wirkung von der umschliessenden Uterusmuskulatur unterstützten, unteren Enden der genannten Zellen in den Uterus befördert werden.

Dieser ist eine ungefähr 2 mm lange ausserordentlich erweiterungsfähige Röhre, deren Innenfläche längsverlaufende Papillen aufsitzen, zu welchen von dem äusseren Bindegewebe, wie der Querschnitt deutlich zeigt, Radiärfasern durchdringen. Auf der Hinterseite sind ihm im oberen Abschnitt zwei grosse Kerne eingefügt (Fig. 12 p).

Einen complicirteren Bau besitzt wieder der Ausführungkanal des Uterus, die Scheide. Leuckart[1]) verdanken wir eine vortreffliche Beschreibung dieses Organes für *Ech. angustatus*, von dem sich jedoch auch in dieser Beziehung *Ech. proteus* etwas unterscheidet. Gegen 0,2 mm lang, setzt sich die Vagina aus einem äusseren und inneren Muskelring und einer dunkelpigmentirten, das Lumen der Ausmündungsröhre begrenzenden Masse zusammen (Fig. 20 A. b. d. g). Der äussere einem Kegelstumpf im Umriss ähnliche Compressor umgreift das untere Ende des Uterus und befestigt sich auf der entgegengesetzten Seite mit kräftigen Bindegewebsbändern an der Haut. Seine Oberfläche wölbt sich in zahlreichen Längsfalten vor, denen unten die genannten Bänder ansitzen. Wie der Längsschnitt (Fig. 20 B) ergibt, besitzt er unter dem Bindegewebe eine dünne Lage Muskelsubstanz, von welcher nach der gegenüberliegenden Wand zahlreiche Fibrillen ausstrahlen (r). Oben und unten sind ihm je 2 Kerne eingebettet. Von dem äusseren Constrictor wird der innere umschlossen, der aus drei Theilen, einem oberen grösseren und zwei unteren kleineren Ringen besteht. Im oberen strahlen ebenfalls von einer dichteren nach Innen zackig vorspringenden Randzone (Fig. 20 B. b) zahlreiche Fasern aus, die von oben rechts schräg nach unten links und in umgekehrter Richtung verlaufen. Hierdurch lässt auch die Flächenansicht eine sich kreuzende Streifung erblicken. Der mittlere Abschnitt enthält zwei

---

1) a. a. O. pag. 799.

Kerne und ist wie auch der unterste, fast ganz freiliegende, dem obersten ähnlich gebildet.

Der innere Constrictor umgürtet den mittleren cylinderförmigen Abschnitt eines dunkelpigmentirten Körpers, dessen oberer und unterer Theil mehr kugelartig hervorragend je 4 Kerne enthält (Fig. 20 A. g). Ersterer begrenzt einen trichterförmigen Raum, welcher in die Uterusröhre hinaufschaut; der untere umschliesst, wie auch der mittlere Theil, eine kreisrunde Röhre. Des dunklen Inhaltes wegen hat man diesen Körper meist für eine Drüse gehalten, da er aber, wie der Längsschnitt lehrt (Fig. 20 B. l), von langen direct von Oben nach Unten durchstrahlenden Fibrillen durchsetzt wird, so möchte ich ihm lieber einen muskulösen Charakter zuschreiben. Contrahiren sich die Fasern, so wird die ganze Masse verkürzt, den Constrictoren entgegenwirkend erweitert sich der Eikanal, in ihn treten, durch die Contraction des Uterus vorgeschnellt, die Eier und werden von hier in Folge der Zusammenschnürung der Constrictoren nach Aussen befördert.

b. *E. angustatus.* Wie schon oben erwähnt zeigt sich *Ech. angustatus* im Bau der weiblichen Geschlechtswege von *Ech. proteus* nicht sehr verschieden. Alle zur Bildung der Uterusglocke des letzteren zusammentretenden Zellen finden wir hier wieder, nur die beiden langen, hinter der Glocke gelegenen fehlen, wie ja auch das Ligament bei *angustatus* sich nicht in zwei, sondern einen langen Strang auszieht, das Bedürfniss einer zweiten Ansatzstelle somit wegfällt. Die Form der Glocke differirt, sie stellt ein mehr längliches, unten verbreitertes, krugförmiges Gebilde vor. Im Allgemeinen ist der ganze Apparat weniger als bei *E. proteus* in die Breite [1]), dagegen mehr in der Längsrichtung entwickelt. Der Glocke sitzen über der hinteren

---

[1]) Der Bemerkung Leuckart's, es sei die Uterusglocke des *E. angus.* zur Untersuchung und für das Verständniss der Verhältnisse besser geeignet als der von Greeff untersuchte *E. proteus*, möchte ich mich nicht anschliessen. Der kräftigere, in die Breite mehr ausgezogene untere Abschnitt der Glocke des *E. proteus* gewährt viel eher einen Einblick in seinen Bau, als der entsprechende schmächtige Theil bei *Ech. angust.*

Oeffnung zwei blasenartige Taschen auf, welche *E. proteus* fehlen (Fig. 15 s). Sie wird an der Basis von einem Muskelring ebenfalls umgürtet (Fig. 14 f). Die beiden hinter der erwähnten Oeffnung gelegenen Zellen sind derselben hier mehr genähert und verbinden sich oben mit den beiden kleineren Zellen des Ligamentalstranges, was bei *E. proteus* nicht der Fall ist (Fig. 16 B, d e.). Die zwei im oberen Theil ebenfalls angeschwollenen Seitenzellen ragen auch hier frei nach Aussen vor, während sie im unteren von einer dem Maschenwerk bei *E. proteus* entsprechenden Lage umschlossen sind. Diese besitzt ebenfalls zwei Kerne und wird auf der Vorderseite durch eine langgestreckte Zelle begrenzt.

Der Uterus ist dem des *E. proteus* im Allgemeinen gleich gebaut, nur von verhältnissmässig geringerer Länge. Ebenso verhält sich die Vagina, deren Hauptunterschied in dem schwächeren der Längsfalten entbehrenden äusseren und dem nur einen, aber kräftigen Ring vorstellenden inneren Constrictor besteht.

Mit *E. gigas* lässt sich wohl kaum der geschilderte Bau der Uterusglocke des *E. proteus* und *E. angustatus* in Beziehung bringen. Leider standen mir weitere Arten nicht zur Verfügung, so dass ich nicht beurtheilen kann, ob diese Gestaltung der Uterusglocke unter den Echinorhynchen eine weitere Verbreitung besitzt. Die in der Literatur sich findenden Beschreibungen und Abbildungen sind dagegen zu ungenau, um zu weiteren Schlüssen zu berechtigen; doch hoffe ich auch in dieser Beziehung Mittheilung machen zu können, sobald ich in den Besitz des nöthigen Materials gelangt sein werde.

Erklärung der Abbildungen auf Taf. I und II.

Fig. 1. Querschnitt durch die äussere Hautschicht des *E. proteus*. a Cuticula, b Streifencuticula, c Circulärfasern, d Radiärfasern, e die eingelagerten Zellen, f das sich erhebende Bindegewebe, g die Gefässräume, i die Körnchenstreifen. 50 : 1.

Fig. 2. Längsschnitt durch das obere Ende des Hinterleibes, die Basis des Halses und die von ihm ausgehende Lemniske. *E. proteus.* a die longitudinalen Fasern, b die längsverlaufenden Körnchenzüge, c die Subcuticula des Halses, d die cuticulare Ringfalte, e die durchschnittenen Ringmuskeln des Halses, f die Zellen in der Lemniske, g die äussere Parallelfaserschicht derselben, h das sie deckende Bindegewebe, i die Längsfasern in der Lemniske, k Radiärfasern, l der mittlere Theil der L., wo die Circulärfasern liegen, 35:1.

„ 3. Längsschnitt durch den obersten Halsabschnitt und den Rüssel des *E. proteus.* a Subcuticula des Halses, b dessen Längsmuskeln, c Rüsselscheide, d Subcuticula des Rüssels, e Gefässraum desselben, f Haken, g die unter dem starken Bindegewebe h gelegenen Ringfasern, k die an der Wand herablaufenden Fasern des Rückziehers m, l die beiden Zellen an der Spitze, o das Ende der Rüsselscheide, p das der Fasern des retractor. 55:1.

„ 4. Querschnitt durch den mittleren Theil des Rüssels von *E. proteus.* a Cuticula, b subcuticulares Fasersystem, c Einsenkung der Cuticula an den Haken, d der von dieser unbedeckt im Bindegewebe sitzende Wurzeltheil, f die Gefässräume, g die sie seitlich begrenzenden Radiärfasern, h die Ringfaserlage, i die an der Wand herablaufenden Fasern des Rückziehers l, k die in den Innenraum vorspringende, den Muskelrändern aufsitzenden Papillen. 120:1.

„ 5. Der Rüssel des *E. proteus* in der Nähe der Spitze quer durchschnitten. a b c wie in voriger Figur, d der durchschnittene untere Wurzelfortsatz der nächst höheren Haken, e die an der Wand herablaufenden Fasern des retractor, f die Zellen an der Spitze (Fig. 3 l) quer durchschnitten. 120:1.

„ 6. Das Ganglion von *E. angustatus.* a vorderer Mediannerv, b der linke obere Seitennerv, c der rechten Seite, die Fasern isolirt, f zwei lange, bipolare den Seitennerven zugehörige Zellen, d die hinteren Seitennerven, e hinterer Mediannerv, g eine quer gelagerte bipolare Zelle, h der vordere Mediannerv mit zwei ihm zugehörigen Ganglienzellen (stärker vergrössert). 150:1.

„ 7. Längsschnitt durch die Rüsselscheide des *E. proteus.* a das äussere Bindegewebe, b die Muskellage, c die Papillen, d das Bindegewebe des inneren Scheidentheiles, e die Muskellage, wie die äussere von radiären Bindegewebsfasern durchsetzt, f die Papillen der inneren Scheidenröhre, g das untere, durch die Oeffnung des äusseren hervorgetretene innere Scheidenende, h Kern im Blasenraum der äusseren, i und k in blasenartigen Räumen der inneren Scheide gelegen. 90 : 1.

Fig. 8 A. Querschnitt durch die Rüsselscheide von *E. proteus* in der Nähe der Basis. a Bindegewebe des äusseren Scheidentheils, b dessen Muskellage, g seine Papillen, c Retinaculum, d das Bindegewebe des inneren Theiles, h Muskellage, i Papillen, e die äusseren, k die inneren Kerne, l der Rückzieher.

„ 8 B. Scheide weiter oben durchschnitten, a b d wie vorher, c Papillen des äusseren Theiles e Muskellage, f Papillen des inneren Theiles, g Rückzieher, h Raum an der Berührungsstelle der äusseren Hälften. 140 : 1.

„ 9. Die Uterusglocke des *E. proteus* von der Seite gesehen. a der eine Ligamentalstrang, b der andere, c die Glocke, d die an ihrer untern Vorderseite gelegenen 2 Kerne, e Zellen im Ligamentalstrang, f Muskelring. g die langgestreckte, eingerollte Zelle, welche den Abschluss der Vorderseite bildet, h die umschliessende Uteruswand, i und k das Maschenwerk, l die hinter der Glocke gelegenen länglichen Zellen, m die ihnen sich anfügenden der hinteren Glockenöffnung opponirten Zellen, o Verbindungsfäden der Glocke mit dem Ligament, p dem Uterus angehörige Kerne, q das verbreiterte obere Ende d. Seitenzellen, r das verschmälerte untere, s die Lippe der Glocke. 100 : 1.

10. Die Uterusglocke von *E. proteus* nahe der Seitenwand längs durchschnitten. Signatur wie vorher, nur t die dem Maschenwerk eingefügten Kerne. 100 : 1.

„ 11 A. Uterusglocke des *E. proteus* von Vorn. Bezeichnung wie vorher. B. Die Kerne d vergrössert. 100 : 1.

„ 12. Uterusglocke von *E. proteus* von hinten, die oberen Theile durchsichtig gedacht, um die unter ihnen gelegenen ebenfalls zu zeigen. Buchstaben wie vorher, nur t hinteres, oberes Ende des Maschenwerkes k, o die zungenartige Spitze der hinteren Uteruswand, w der sich scharf absetzende Muskelring, z die innere Rinne der Seitenzellen (q, r). 100 : 1.

„ 13. Querschnitt durch die Uterusglocke von *E. proteus*. 80 : 1. A. Durch die Glocke. a Bindegewebe, b Muskellage, c Papillen, d Ligmentalmuskeln, die Zellen e umschliessend.

„ B. weiter unten die Glocke durchschnitten. a, b, c wie vorher, d die Kerne in der Glocke, e Muskel des Ligamentes, f die in ihm gelegenen Zellen, g die hinter der Glockenöffnung gelegenen (Fig. 9, 10 m). die hinter diesen sich anschliessenden Zellen (Fig. 9, 10 l) aus einer Muskelschicht r und einem den Hohlraum durchsetzenden Faserwerk s gebildet.

Fig. 13 C. etwas mehr abwärts; e die im Ligament gelegenen Zellen, c die unteren Enden der beiden Blasenräume der Glockenvorderseite, f die reducirte Wand der Glocke, g und h wie vorher, in g die Kerne k.
- D. noch weiter abwärts, Buchstaben wie vorher, neu: m die langgestreckte Zelle der Vorderseite (Fig. 10 g). n die Ansatzstelle des Muskelrings an die Zellen g.
- E. Schnitt da, wo die beiden Seitenzellen p beginnen, s Kern derselben, i Muskelring mit seinen Kernen r, o das Maschenwerk, die übrigen Buchstaben wie vorher.
- F. Uterusglocke gerade über der Verjüngungsstelle der Seitenzelle p durchschnitten. Die Zelle m zeigt ihren Kern (v) und berührt den Vorderrand der Zellen p, dem Maschenwerk o sind vorn zwei Kerne r eingebettet, t ist der vordere und hintere Fortsatz der Uteruswand.
- G. Uterusglocke des *E. proteus* da durchschnitten, wo der ganze untere Theil derselben von der Uteruswand bereits umschlossen wird, x das untere verschmälerte Ende der Seitenzellen, m und o wie vorher.

„ 14. Uterusglocke des *E. angustatus* von der Seite. a Ligamentalstrang, b die Glocke, c die dieser unten auf der Vorderseite eingelagerten Kerne, d Zellen im Ligament, e die der hinteren Glockenöffnung gegenübergestellten Zellen, f der Muskelring mit seinem Kern, g hintere Glockenöffnung, h die der Vorderseite angehörige unpaare Zelle, i das die Seitenzellen k, l umlagernde Gewebe, dem vorn zwei Kerne eingefügt sind, m die Uteruswand, n ihre Kerne.

„ 15. Uterusglocke des *E. angustatus* vom Rücken gesehen. Bezeichnung wie in Fig. 14. 150 : 1.

„ 16. Querschnitte durch die Uterusglocke von *E. angustatus* 150 : 1.
- A. Schnitt durch die Glocke. a Bindegewebe, b Muskellage, c Papillen, d Zellen im Ligamentalstrang mit ihren Kernen e.
- B. Glocke unterhalb ihrer hinteren Oeffnung durchschnitten. a der Muskelring, b das untere Ende der Glockenwand, c die Seitenzellen, e die Zellen im Ligament, sich an die hinter der Glockenöffnung gelegenen Zellen d festsetzend.
- C. Schnitt dicht über der Verjüngungsstelle der Seitenzellen h, f die sie umschliessende Lage, g ist der obere durchschnittene Theil der vorderen unpaaren Zelle.
- D. Der Apparat weiter unten durchschnitten, h die verjüngten Fortsätze der Seitenzellen, f die sie umgebende Lage, g die vordere unpaare Zelle.

Fig. 17. Querschnitt durch *E. angustatus*. a Cuticula, b äussere, c innere Schicht der Subcuticula, d die derselben eingestreuten Zellen, e Ring, f Längsmuskeln, g Lemnisken, h Rüsselscheide. 75 : 1.

„ 18. Querschnitt durch den Hals des *E. proteus*. a Cuticula, b Streifencuticula, c äussere, d innere Schicht der Subcuticula, e Gefässräume, g Ring, f Längsmuskeln, h Rüsselscheide.

„ 19. Querschnitt durch die Lemniske von *E. proteus*. a Cuticulares Bindegewebe, b äussere Parallelfaserschicht, c die scheinbare Scheidewand (cf. Text), d Circulärfasern, e Radiärfasern, f Seitengefässe, g die drei Gefässe der convexen, h der concaven Seite, i Zellen. 45 : 1.

„ 20 A. Vagina von *E. proteus* von der Vorderseite gesehen. a Uterus, b äusserer Constrictor, c Falten desselben, d oberer, e mittlerer, f unterer Ring des inneren Constrictor, g, h der innere dunkelpigmentirte Körper. 125 : 1.

B. Längsschnitt. a Bindegewebsüberzug des Uterus, b Muskellage, c längsverlaufende Papillen, d äusserer Constrictor, e und f Kerne desselben, g unteres Ende mit einem Band an der Haut n befestigt, h oberer, i mittlerer, k unterer Ring des inneren Constrictor, l m die Wandung des Ausführungscanals mit zahlreichen Längsfasern, r die den Hohlraum des äusseren Constrictors durchziehenden Fibrillen.

„ 21. Querschnitt durch die Rüsselscheide des *E. angustatus*. a äusserer Scheidentheil, b seine Papillen, c innerer Theil, d dessen Papillen, e Muskelfasern des Rückziehers, f Ganglion. 100 : 1.

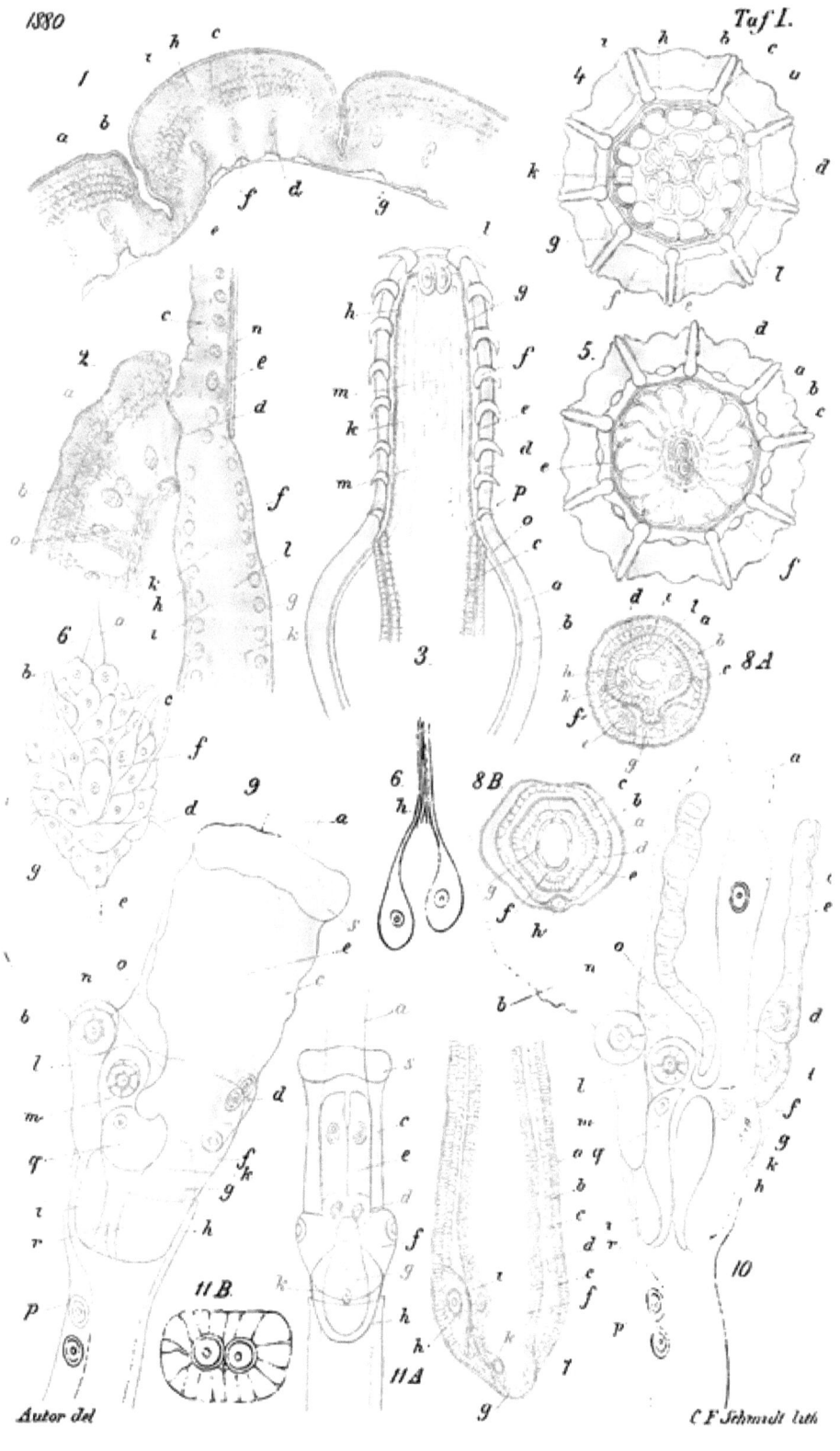

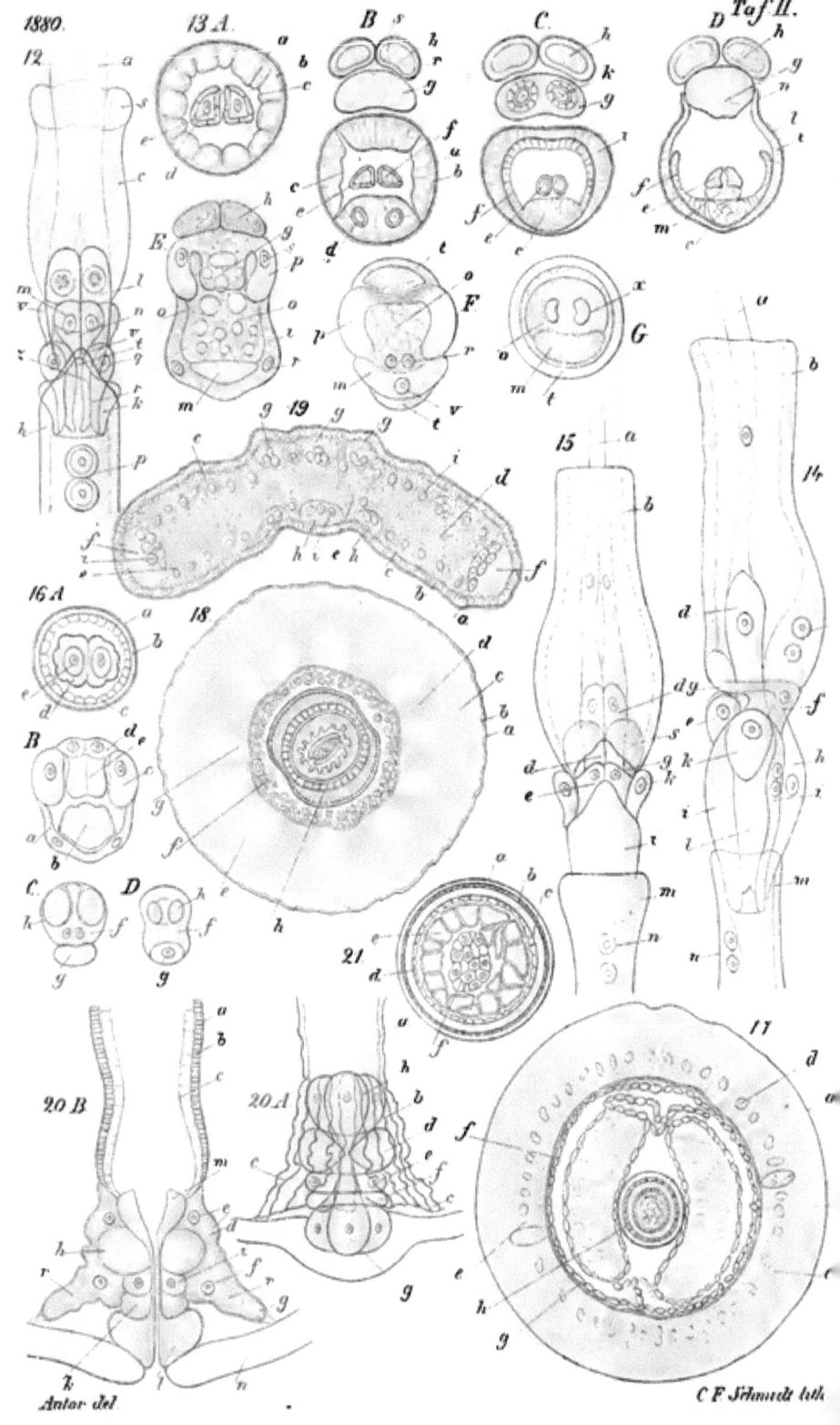